Beltz Taschenbuch 831

Über dieses Buch:
Wir kennen das alle. Es gibt Menschen, die prinzipiell auf dem Rummelplatz nur Nieten ziehen, während andere immer die wundervollsten Hauptgewinne nach Hause schleppen. Manche Menschen haben eben immer Glück, scheint es, andere nie. So gibt es Kinder, die auf jedem Kindergeburtstag strahlender Mittelpunkt sind, und andere, die nie da stehen, wo beim Karneval der Bonbonregen niedergeht, oder die sich ständig die Knie aufschürfen. Sind diese Kinder als Pechvögel geboren und die anderen als Glückskinder?
Sind Glück oder Pech im Leben vom Schicksal bestimmt? Nein, lautet das Fazit in diesem Buch. Man kann jedes Kind zum Glückskind erziehen. Und auch jeder Erwachsene kann seinem Leben, oft zusammen mit dem Kind, eine glückhafte Richtung geben.
Anhand der Märchen »Der Teufel mit den drei goldenen Haaren« und »Hans im Glück«, an einer Gegenüberstellung des Pechvogels Donald Duck und seines Vetters Gustav Gans, der ein wahrer Glückspilz ist, aber auch an vielen Beispielen aus dem Alltag erläutert Lorelies Singerhoff, welche Eigenschaften Glückskinder auszeichnen: Selbstvertrauen, Mut, sich schwierigen Situationen und Herausforderungen zu stellen, Neugier. Und sie gibt vielfältige Anregungen, wie wir diese Eigenschaften bei unseren Kindern fördern können: indem wir ihnen Vertrauen schenken, ihnen Freiraum für ihre Erfahrungen einräumen, sie fordern, ohne sie zu überfordern, und ihnen unsere Zuversicht vermitteln, dass sie die an sie gestellten Aufgaben meistern werden.

Die Autorin:
Lorelies Singerhoff ist Pädagogin und bekannte Autorin mehrerer erfolgreicher Elternratgeber. Im Beltz Taschenbuchprogramm veröffentlichte sie zuletzt »Kinder brauchen Sinnlichkeit – Die Bedeutung und Förderung kindlicher Sinneswahrnehmung«.

Lorelies Singerhoff

Pechvögel und Glückskinder

Wie wird man ein starkes
und glückliches Kind?

Besuchen Sie uns im Internet:
www.beltz.de

Alle Rechte, insbesondere das Recht der Vervielfältigung und Verbreitung sowie der Übersetzung, vorbehalten. Kein Teil des Werkes darf in irgendeiner Form (durch Fotokopie, Mikrofilm oder ein anderes Verfahren) ohne schriftliche Genehmigung des Verlages reproduziert oder unter Verwendung elektronischer Systeme verarbeitet, vervielfältigt oder verbreitet werden.

Beltz Taschenbuch 831

1 2 3 4 5   05 04 03 02 01

© 2001 Beltz Verlag, Weinheim und Basel
Umschlaggestaltung: Federico Luci, Köln
Umschlagillustration: © Thomas M. Müller, Leipzig
Satz: Media Partner GmbH, Hemsbach
Druck und Bindung: Druckhaus Beltz, Hemsbach
Printed in Germany

ISBN 3 407 22831 7

Inhalt

Vorwort

Wir kennen das alle. Es gibt Menschen, die prinzipiell auf dem Rummelplatz nur Nieten ziehen, während andere fast obligatorisch die wundervollsten Hauptgewinne nach Hause schleppen. Es gibt Kinder, die auf jedem Kindergeburtstag strahlender Mittelpunkt sind, und andere, die nie da stehen, wo beim Karneval der Bonbonregen niedergeht, oder die sich ständig die Knie aufschürfen. Manche Menschen haben eben immer Glück, scheint es, andere nie.

Und manchmal denken wir, die einen wären eben als Pechvögel und die anderen als Glückskinder geboren. Und Eltern, die ihre kleinen Unglücksraben jedes Mal trösten müssen, weil sie wieder die Balance beim Fahrradfahren verloren haben und auf die Nase gefallen sind, fühlen sich nicht selten ebenfalls wie ein hilfloser Spielball böser Schicksalsschläge wie die kleinen Pechvögel selbst.

Aber wir können unsere Kinder regelrecht zu Pechvögeln trainieren, wenn wir sie ständig mit anderen »besseren« Kindern vergleichen und nicht ihr eigenes Entwicklungstempo berücksichtigen. Dazu gehört auch, dass man dem Kind bei seinen Spielen und Lernschritten keine Zeitvorgaben macht oder es seine Aktivitäten zu Ende bringen lässt. Andernfalls fühlen sich die Kinder frustriert und haben das Gefühl, nichts wirklich zu einem guten Ende bringen zu können. Das Gleiche gilt für den Versuch mancher Eltern, das Kind zu einer Beschäftigung zu zwingen, die nicht wirklich zu seinen Bedürfnissen passt. Kinder werden dann nicht nur Pechvögel, sondern sie werden auch noch kreuzunglücklich.

Und letztendlich hängt es auch von unserer Wahrnehmungsweise ab, ob ein Kind für uns ein Pechvogel oder ein Glückskind ist. Einmal auf eine Rolle festgelegt, wird es sehr schwer für das Kind, sich daraus zu befreien. Das Fazit lautet also: Wir können unsere Kinder dabei unterstützen, dass sie glückliche Menschen werden. Und wir selbst – als Erwachsene – können es auch noch lernen.

Dieses Buch will Ihnen dabei helfen. Viel Spaß und viel Glück dabei!

Ihre
Lorelies Singerhoff

1. Kapitel

Das Donald-Duck- und das Gustav-Gans-Syndrom

Für diejenigen der geschätzten Leserinnen und Leser, die sich ein wenig in der Comicszene auskennen, sind Donald Duck und Gustav Gans durchaus liebenswerte Bekannte. Es gibt kaum zwei andere Charaktere, die den Pechvogel und das Glückskind so vollkommen illustrieren und darstellen.

Donald Duck strampelt sich sein Leben lang ab und kommt doch zu nichts. Hat er ein Rendezvous mit Daisy, dann fängt es garantiert an zu regnen, er hat keinen Schirm, lässt sich den Blumenstrauß unterwegs von einer Ziege auffressen und hat sich zum Schluss auch noch im Datum geirrt, sodass Daisy furchtbar wütend ist, weil sie er am Tag zuvor versetzt hat. Ständig in Geldnot scheint ihn alles Pech dieser Welt zu verfolgen. Wenn Donald Duck morgens aus dem Fenster schaut und es regnet und stürmt, schaut er missmutig in die Welt. »An einem solchen Tag kann ja nur alles schief gehen«, brummelt er mürrisch, und wenn er die Milchflasche, die vor der Tür steht, hereinholt, rutscht er garantiert aus und zerbricht die Flasche. Er lässt oft den Kopf hängen, traut sich nicht viel zu, ja, er erwartet förmlich, dass bei ihm wieder alles schief geht. Er ist das typische Beispiel für den Pechvogel, bei dem sich die pessimistischen Erwartungen von selbst erfüllen. In der Psychologie wird das »self-fulfilling prophecy« genannt, sich selbst erfüllende Erwartungen. Das erklärt sich daraus, dass die Erwartung von Pech und Pannen einen Menschen wie gebannt auf das unheilvolle Ereignis starren lässt. Der Mensch wird hochgradig nervös, entwickelt einen hohen Stresshormonspiegel und macht dann natürlich gerade die Fehler, die zum erwarteten Unglück führen.

Dagegen ganz anders der Gustav Gans. Er vertraut in jeder Situation auf sein Glück – und gewinnt immer. Er arbeitet nicht gern, aber wenn er Geld braucht, weil er Daisy zum Essen ausführen will, findet er garantiert eine wohlgefüllte Geldbörse. Er ist immer adrett, fällt nie auf die Nase, beziehungsweise muss keine Federn lassen wie Donald Duck. Das Leben ist sein Freund, und alles gelingt, weil er auf sich und seine Fähigkeiten vertraut. Gustav Gans ist überzeugt von sich. Er hat Selbstbewusstsein und nimmt das Leben so, wie es eben kommt.

Was ist das Geheimnis des glücklichen Lebens von Gustav Gans? Im Verlaufe des Buches wollen wir dahinter kommen, damit wir rechtzeitig die Weichen stellen können, um unsere Kinder zu Glückskindern zu machen und um selbst auch wieder zu lernen, glückliche Menschen zu werden.

Mit viel Mühe stets leer ausgehen

Um noch einmal auf Donald zurückzukommen: Es ist ja nicht so, dass er sich keine Mühe gibt. Und können Sie als Eltern eines – »hoffentlich nicht mehr lange« – Pechvogels nicht ebenfalls bezeugen, dass sich Ihr Unglücksrabe doch wirklich jede erdenkliche Mühe gibt? Natürlich! Und wie! Das Kind strengt sich doch an! Und warum erreicht es bei all seinen Bemühungen so selten ein erfolgreiches Resultat?

Beobachten Sie einmal Ihr Kind genau. Vielleicht strengt es sich zwar an, hat aber dabei an einigen Handicaps zu tragen.

Übergroße Neugier
Zu wenig Bewegung
Zu viel Vorsicht vonseiten der Eltern
Starke Überforderung

Zu wenig Selbstvertrauen
Ständige Entmutigung vonseiten der Erwachsenen.

Glück und Pech haben aber nicht nur mit Unfällen, Ausrutschern oder Lottogewinnen zu tun. Sie beziehen sich nicht nur auf äußere Dinge und Gegebenheiten, sondern sie haben auch mit einer geistig-seelischen Haltung zu tun. Jeder Mensch sehnt sich danach, glücklich zu sein. Dostojewski sagt: »Der Mensch ist unglücklich, weil er nicht weiß, dass er glücklich ist. Nur deshalb. Das ist alles. Wer das erkennt, der wird glücklich sein, sofort, im selben Augenblick.«

Untersucht man, was denn der Unterschied zwischen glücklichen und unglücklichen Menschen ist, so stellt man zur eigenen Überraschung fest, dass glückliche Menschen durchaus auch Unglück, Leid, Schicksalsschläge und Schmerz kennen. Sie gehen nur anders damit um als die Unglücklichen. Die Herausforderungen des Lebens scheinen sie stärker zu machen, ihr Selbstbewusstsein wird dadurch gefestigt, sie trauen sich noch mehr zu und – sie vermehren dadurch ihr persönliches Glück. Glückskinder haben einfach einen anderen Blickwinkel dem Leben gegenüber. Immer-mehr-haben-Wollen ist für sie weniger wichtig als »gelebtes Sein«, persönliches Wachstum und eine gelungene Lebensgestaltung.

Aber wir wollen das Phänomen des »Leerausgehens« – trotz aller Mühe – noch ein wenig anhand von unseren beiden Charakteren aus der Comicszene betrachten. Gerade weil dort die Trennung von Glückskind und Pechvogel so scharf durchgeführt wird, ist es so anschaulich und für den Betrachter so leicht verständlich.

In einer Geschichte streiten sich Donald und Gustav, wer von ihnen geschäftstüchtiger sei. Ein reicher, exzentrischer Herr sieht dabei zu und schenkt beiden ein kleines Grundstück, direkt nebeneinander liegend. »Machen Sie was daraus! Da zeigt sich schnell, wer geschäftstüchtiger ist«, gibt er ihnen als Ratschlag mit auf den Weg. Es stellt sich heraus, dass Gustav eine schöne grüne Wiese bekommt, mit einem Fußweg direkt hinunter zum Strand. Donalds Grundstück ist modrig, feucht und verschlammt. Es wächst kein Halm darauf. Gustav stellt sofort ein Schild auf: »Privatstrand – Zutritt 2 Taler.« Donald kocht vor Wut, denn mit seinem Schlamm weiß er nichts anzufangen. Er versucht auch erst gar nicht, eine Idee zu entwickeln, sondern es gelingt ihm mit Betrug und Lüge, Gustav dazu zu bringen, das Grundstück mit ihm zu tauschen, der nun glaubt, das Schlammgrundstück sei wertvoller. Kurz und gut, später stellt sich heraus, dass die grüne Wiese durch ein öffentliches Wegerecht der Stadt belastet ist und somit das Geschäft mit dem Privatstrand entfällt. Im Gegenteil: Im Sommer wird es dort von Touristen nur so wimmeln, die ihren Müll auf dem Grundstück liegen lassen. Gustav dagegen erhält ein Angebot von einem Hersteller von Schlamm-Masken u. Ä., weil »sein« Grundstück genau den richtigen Heilschlamm enthält. Er wird reich.

Donalds Resümee: »Gustav ist eben ein Glückskind und ich ein Pechvogel. So war's immer und so wird's auch bleiben, bis in alle Ewigkeit.«

Nun hatte sich unser Pechvogel doch so viel Mühe mit seinem betrügerischen Trick gegeben. Aber vielleicht war ja gerade das der Grund für sein erneutes Scheitern. Während Gustav die Situation so nahm, wie sie kam, und sich Gedanken machte, wie er sie nutzen konnte, wollte Donald seine nicht annehmen, sondern neidete dem anderen sein Hab und Gut. Schon der Volksmund kennt das dahinter stehende Gesetz: »Unrecht Gut gedeiht nicht.« Glücklich werden kann niemand, der anderen ihre Habe neidet und missgönnt. Aber es gibt natürlich auch noch andere Gründe, die das Unglücklichsein und das Unglückhaben manifestieren.

Warum sind so viele Erwachsene denn so unglücklich? Schauen Sie sich einmal in Ihrem Bekanntenkreis um. Wie viel

Menschen fehlt es nicht an Selbstbewusstsein, sie regen sich über Kleinigkeiten auf, wirken angespannt und negativ, setzen andere herab oder benehmen sich ihren Mitmenschen gegenüber gleichgültig. Unglückliche gibt es in allen Einkommensschichten. Geld ist also nicht das Mittel, um dieses Problem zu lösen.

Und dann gibt es auch Menschen, die unter den schwierigsten Umständen fröhlich und optimistisch bleiben. Wie kommt es nur, dass diesen Mut und Freude erhalten bleiben?

Kinder können im Laufe ihrer Entwicklung unabsichtlich zum Unglücklichsein »programmiert« werden. Durch verbale oder körpersprachliche Botschaften signalisieren wir dem Kind vielleicht, dass wir ihm nichts zutrauen, es für inkompetent halten. Das Kind wird diese Sichtweise übernehmen und so wächst es in die Rolle des unglücklichen Pechvogels hinein.

Keinen Finger krümmen und doch vom Schicksal reich belohnt

Wir haben es eingangs schon erwähnt: Gustav Gans ist der typische Vertreter einer Gattung, auf die der obige Satz zutrifft. Er ist ein notorischer Nichtstuer und Lebensgenießer. Vielleicht könnte man ihn sogar als Lebenskünstler bezeichnen. Er ist charmant, hat viel Zeit (weil er nicht arbeitet), immer gute Laune und ist so richtig gut drauf. Geben Sie zu, auch Sie sind viel lieber mit solchen Menschen zusammen als mit den ängstlichen Unglücklichen. Gustav Gans' Fröhlichkeit steckt an und öffnet ihm die Türen zu den Herzen und Häusern der Menschen. Eine kleine Geschichte dokumentiert dies besonders gut.

Donald und Gustav wollen beide an einem Wettbewerb teilnehmen, bei dem es darum geht, wer das beste Bild von einem wilden Büffel einreicht. Dem Sieger winkt dabei ein riesiges Luxusauto. Während Donald keine Mühe scheut, auf hohe Bäume und Felsen klettert, fast abstürzt, sich verletzt, mit dem Büffel kämpft und verbissen an den Gewinn denkt, liegt Gustav im Liegestuhl, schlürft ein erfrischendes Getränk und freut sich einfach seines Lebens. Als er bemerkt, dass Donald zufrieden zum Wettbewerbsort zurückfahren will, steht er schweren Herzens auf, um auch ein Foto zu machen. Er stolpert, seine Kamera zerbricht, aber Gustav akzeptiert das als Schicksal. Der Stein seines Anstoßes erweist sich als ein uraltes indianisches Tongefäß mit wunderschönen Motiven einer Büffeljagd. Kein Zweifel, er gewinnt den Wettbewerb.

Gustavs Einstellung zum Leben ist entspannter als die von Donald. Wenn er beim Wettbewerb mitmacht, dann aus Spaß und Freude und nicht in erster Linie, weil er verkniffen auf den Gewinn schaut und ihn »haben« möchte. Diese Lebensfreude und die Annahme dessen, was eben kommt, unterscheiden ihn in seinem »Charakter« grundlegend von Donald. Die Gründe dafür, weshalb ein Mensch zu einem »Gustav-Typ« oder zu einem »Donald-Typ« wird, sind sicherlich vielfältig. Anfangs habe ich einige Aspekte genannt und werde später noch einmal genauer darauf eingehen.

2. Kapitel

Typisch Pechvogel:
Bei mir geht immer alles schief

Glaubt man erst einmal von sich selbst, ein Unglücksrabe oder Pechvogel zu sein, wird man auch einer. Man hat sein Bewusstsein auf Pech programmiert und nimmt fortan nur noch die Dinge wahr, die schief gehen. Da ist jedes heruntergefallene Glas und jeder unverhoffte Regenguss der Beweis für die eigene Pechsträhne beziehungsweise Unfähigkeit. »Na klar, mir musste das ja passieren«, wird zum Standardsatz. Auch ein Kind kann eine solche Haltung annehmen und dabei ganz vergessen, dass es gerade eine Zwei in Mathe geschrieben und morgens auch den Bus noch in letzter Minute erwischt hat. Viele Pechvögel haben das Gefühl, dass sie fremdbestimmt sind und dadurch ihrem eigenen Leben entfremdet. Denn wer glaubt, dass Missgeschicke vom Schicksal vorherbestimmt sind, der übernimmt keine Verantwortung mehr für sein eigenes Leben. Es lohnt sich ja ohnehin nicht, da man doch nichts ändern kann.

Eine Freundin berichtete, dass ihre Kinder, als sie noch zur Schule gingen, öfter mal Freunde mit nach Hause brachten. Darunter war auch Alex, der damals 9 Jahre alt war. Nach zwei Besuchen von Alex »wusste« meine Freundin ganz genau, dass irgendetwas passiert, wenn Alex kommt. Entweder stolperte er und riss dabei die kostbare Vase vom Bord oder der Kassettenrecorder gab seinen Geist gerade in dem Moment auf, als Alex mit ihm hantierte. Wenn Alex ging, hinterließ er Kakaoflecke auf dem Tischtuch, die nie mehr ganz rausgingen, einen abgerissenen Schubladengriff oder eben Scherben. Alex war ein verspannter Junge. In Erwartung der üblichen Zwischenfälle zog er schon den Kopf ein wenig ein. Er hatte ja Erfahrung mit sich und den Erwachsenen. Selbst meine Freundin konnte nicht umhin zu denken: »Was wird er heute nur anstellen?« Alle gefährdeten kostbaren Gegenstände wurden sorgsam aus dem Wege geräumt.

Erwachsene, die als Kinder »typische« Pechvögel waren, sich dann aber zum Glückskind »hoch«gearbeitet haben, berichten, dass sie viele Jahre auf ihre Pechvogelrolle fixiert waren. Jeder im Wege stehende Becher wurde umgeworfen, über Hindernisse grundsätzlich gestolpert, Geschirr beim Abtrocknen heruntergeworfen und die Punktzahl bei Prüfungen immer knapp verfehlt. Die meisten von ihnen meinten, das es so sein müsse. Sie wurden »Tollpatsch«, »Wirrwarr« oder eben »Pechvogel« genannt und fühlten sich alles andere als glücklich. Aber viele von ihnen hatten auch das große Glück, auf Menschen zu treffen, die sagten: »Quatsch!, du bist doch kein Pechvogel. Schau doch mal, was alles klappt. Klar, du bist etwas chaotisch, aber sonst hast du doch alles gut im Griff!«

Der römische Kaiser Marc Aurel hat einmal gesagt: »Das Glück im Leben hängt von den guten Gedanken ab, die man hat.« Ein Pechvogel, der beschließt, fortan ein Glückskind zu sein, ändert seine Sichtweise. Er bekommt eine positive Einstellung zu sich selbst, wird selbstbewusster und damit sicherer. Und siehe da: Plötzlich wirft er nicht mehr so viel Gläser um und weicht den Laternenpfählen geschickt aus. Wenn ich daran glaube, dass ich es schaffe, habe ich schon Punkte für mich gewonnen. Und wenn wirklich etwas schief geht? Na und? Dann sollte es nicht sein, weil hinter der nächsten Ecke etwas Besseres auf mich wartet. Ich bin schließlich auf dem Wege zum Glückskindsein.

Sich als Pechvogel zu betrachten oder nicht ist letztendlich Ansichtssache. Natürlich haben Kinder es sehr schwer, aus dieser Rollenfixierung herauszukommen. Aber Erwachsene können es. Und sie können auch dafür sorgen, dass Kinder nicht in diese Rolle geraten und in ihr verharren müssen. Positiv denkende Menschen bewerten Missgeschicke viel weniger hoch. Sie bezeichnen sich selbst nie als Pechvogel und sind damit immun gegen die sich selbst erfüllende Prophezeiung (weil man an ein Unglück glaubt, wird es auch eintreffen, weil man es durch Nervosität selbst verursacht). Optimisten glauben an das Glück und ziehen es dadurch auch an.

Lieber ein stadtbekannter Pechvogel als ein anonymes Glückskind

Dieser Ausspruch stammt von dem amerikanischen Filmregisseur, Schriftsteller und Schauspieler Woody Allen. Er sagte auch:

Wir wissen nicht, warum wir hier auf der Erde sind.
Es ist schon vorbei, bevor wir überhaupt merken,
was uns zugestoßen ist. Der Trick ist, jeden Moment zu genießen.
Zu leben bedeutet glücklich zu sein.

Woody Allen liebte es, die Rolle als vermeintlicher, liebenswürdiger Versager zu spielen, der immer zu kurz kommt, sich jedoch ein gutes Herz bewahrt hat. In seinen Drehbüchern beweist er, dass wirklich fast alles schief gehen kann. Es gibt kaum einen Film, in dem er nicht mit seiner Unfähigkeit kokettiert. Für die Figuren, die er verkörpert, ist das Leben eine ständige Rutschbahn. Einige fallen immer auf die Füße, aber die anderen eben immer auf die Nase. Pechvögel im Film verkörpern oft die Zu-kurz-Gekommenen einer unvollkommenen Gesellschaftsform.

So wie es Optimisten und Pessimisten, Miesepeter und Wonneproppen, Gewinner und Verlierer, Fröhliche und Wehleidige gibt, so gibt es auch Menschen, die mit ihrer Pechvogelrolle kokettieren und sie bewusst einsetzen. Kennen Sie so einen Menschen aus Ihrem Bekanntenkreis? Sie sind sicherlich nicht so häufig anzutreffen wie Pechvögel, die sich ans andere Ufer gearbeitet haben, oder Menschen, die keine dieser beiden Polaritäten ausschließlich zur Schau tragen. In den meisten Fällen sind wir gemischte Typen, wie bei allen Typologien oder Charakterkunden. Die theoretische Abgrenzung und Analyse ermöglichen uns aber viel leichter, die Schwerpunkte in unserer Persönlichkeit und in der unserer Kinder zu erkennen und damit rechtzeitig die Weichen für Korrekturen zu stellen.

Sie kennen sicher Kinder, die keine andere Möglichkeit sehen, als sich die Zuwendung und Aufmerksamkeit ihrer Umwelt durch auffälliges und unangenehmes Verhalten zu erkaufen. Viele solcher Kinderschicksale sind in den kindertherapeutischen Praxen dokumentiert. Die Gründe für diese »Karriere« sind vielfältig. Ein Grund kann die Stellung in der Geschwisterreihe sein. Vielleicht ist das Kind »mittleres« Kind und wird ständig übersehen. Vielleicht gibt es auch ein »Problemkind« in der Familie, das die Aufmerksamkeit aller beansprucht, sodass unser Pechvogel sich andere Kanäle suchen muss, um sein Maß an Zuwendung zu erhalten.

Starke Überforderung und andere Gründe

Eltern leiden mit ihren »Unglücksraben«. Ständig gibt es verpatzte Skateboardversuche, misslungene Kletterpartien, zerschossene Fensterscheiben und wieder mal ist das Pechvogel-Kind mit seinem Fahrrad dem Lack eines parkenden Autos zu nahe gekommen. Das Ergebnis sind gestresste Eltern und unglückliche Kinder. Aber sind da wirklich höhere Mächte mit im Spiel? Psychologen haben für das Pechvogelphänomen ganz irdische Erklärungen gefunden.

Überforderung

Überforderung vonseiten der Eltern oder anderer Bezugspersonen kann eine Ursache für die dauernden Missgeschicke sein. Die Kinder wehren sich unbewusst gegen die Belastung und signalisieren: »Das ist zu viel! Ich kann das nicht.« Kinder wollen ja zunächst den Anforderungen, die an sie gestellt werden, genügen. Sie versuchen es immer wieder, aber das Scheitern ist vorprogrammiert. Die Begegnung des Kindes mit den Ansprüchen der Eltern ist immer konfliktreich.

Das Erscheinungsbild der Überforderung wird am Verhalten des Kindes deutlich. Seine psychische Stabilität ist mitunter geschwächt, seine Leistungsfähigkeit und -bereitschaft sind unter Umständen stark reduziert. Die Überforderung kann eintreten, weil das Kind wegen seiner zu geringen Intelligenz gestellte Aufgaben nicht bewältigen kann oder sich in einer Entwicklungskrise befindet. Kinder, die von ihren Eltern zu Höchstleistungen angetrieben werden, stehen unter großem innerem Druck und werden dadurch nicht nur in ihrem Leistungsvermögen schlechter, sondern auch unglücklich und mutlos.

Durch den Versuch der Kinder, die Aufgaben schließlich doch noch zu bewältigen, wird die Überforderung erst möglich. Immer wieder bemühen sie sich unter Aufwand all ihrer Energien, die Anforderungen zu erfüllen, sie quälen sich, bis ihre Kräfte nachlassen und sie zwangsläufig scheitern. Dieses Versagenserleben kann zu Selbstwertkonflikten und seelischen Störungen führen. Eine Belastungssituation überschreitet somit die Grenze der Leistungs- und Beanspruchungsfähigkeit eines Menschen, der sich dieser Forderung stellt. Diese Belastungen können den körperlichen, seelischen und geistigen Bereich des Menschen treffen. Im Augenblick einer solchen Grenzüberschreitung setzen Reaktionen ein, die vom bisherigen ausgeglichenen, ungestörten Verhalten der Persönlichkeit abweichen. Allerdings gibt es dabei individuelle und situationsbedingte Unterschiede. Beanspruchungen, die den einen Menschen bereits überfordern, können von einem anderen durchaus bewältigt werden und ein und derselbe Mensch kann den gleichen Überforderungssituationen zu verschiedenen Zeiten gewachsen sein oder nicht.

In einer nicht gestörten Familie, unter normalen Alltagsbelastungen und bei einem harmonischem Verhältnis zwischen Erholung, liebevoller Zuwendung, Spiel und Anforderungen, lebt das Kind in einem Gleichgewicht zwischen Antrieben, Wünschen und Bedürfnissen seiner selbst und den Forderungen, Pflichten und Aufgaben der Umwelt. Wird dieses Gleichgewicht gestört, kommt es zu Konflikten. Zwischen die innere und äußere Situation des Kindes gerät ein Hindernis. Entweder bleiben nun die Wünsche des Kindes auf der Strecke oder die Forderungen der Umwelt. In jedem Fall aber ist der Weg zu einem Ziel blockiert, vereitelt, und das Kind ist frustriert, wenn nicht das Hindernis schon darin besteht, dass überhaupt kein Streben zu einem Ziel vorhanden war. Entscheidend sind also die Wiedererlangung des Gleichgewichts sowie die Motivation und Kraft des Kindes, Widerstände überwinden zu wollen. Fehlen solche Widerstände gänzlich, dann spricht man von einer Unterforderung.

Die Auseinandersetzung mit den Widerständen erfolgt nicht gleichförmig, sondern sie hängt auch davon ab, wie intensiv, lange und oft ein Kind Zeiten der Erfolglosigkeit erlebt hat. Ein ruhiges Kind, mit langsamem Temperament und mittelmäßig begabt, wird in einer Familie mit immer lebhaften Eltern und inmitten flinker Brüder und Schwestern sicher sehr häufig die Erfahrung von Versagen und Erfolglosigkeit machen. Es kommt immer zu spät und wird in jeder Beziehung immer von einem der anderen »überholt«. Bedingungen dieser Art können sehr wohl einen Pechvogel prägen, denn meistens sparen die Geschwister auch nicht mit entsprechenden Kommentaren: »Lahme Ente« oder »Bei dir klappt auch gar nichts«. Auf diese

Weise werden labile und schwächere Kinder in eine Misserfolgssituation hineingedrängt, aus der sie nur sehr schwer wieder herauskommen.

Untersuchungen zu diesem Phänomen besagen, dass Kinder, die ständig in dem Konflikt leben, dass sie sich Erfolg wünschen, aber Furcht vor Misserfolg haben, sich selbst meistens Ziele stecken, die völlig unangemessen und wirklichkeitsfern sind, und dadurch tatsächlich wieder erneut scheitern. Misserfolgsmotivierte Kinder neigen ebenso dazu, ihre Misserfolge und Erfolge übermäßig stark zu betonen. Sie wenden sich vorwiegend nahe liegenden Aufgaben zu, d.h., die Spannweite ihrer Zukunftsplanung ist wesentlich geringer. Ein Kind, das Misserfolge befürchtet, tendiert auch dazu, Arbeiten unerledigt liegen zu lassen und die Ausführung zu unterbrechen. Bei anhaltenden Misserfolgen führt das zu einem gefährlichen Teufelskreis, in dem sich Fehlverhalten und Fehleinstellungen verfestigen.

Aber nicht nur langsame, schwache, hilflos wirkende Kinder können leicht überfordert werden, sondern auch hyperaktive Kinder. Sie können nicht ruhig sitzen bleiben, stören mit ihrer Nervosität und Zappeligkeit ihre Umwelt und erleben dabei sehr viele Misserfolge. Wurde die Hyperaktivität noch nicht erkannt und nicht behandelt, wird von diesen Kindern etwas verlangt, was sie aufgrund ihrer Konstitution gar nicht leisten können.

Eine Überforderung des Kindes kann aber auch durch die Situation der Familie ausgelöst werden, zum Beispiel durch den Tod eines Elternteils, durch Scheidung, Stiefkindsituation, die Stellung in der Geschwisterreihe, Erkrankungen der Eltern oder die soziale Lage der Familie.

Ein weiterer Grund für ständige Unglücksfälle kann übergroße Neugier sein. Sie ist mehr oder weniger harmlos, denn die Motive für das Kind gründen auf Kreativität, Selbstbewusstsein und Wissensdrang. Sie können darüber noch ausführlicher im

4. Kapitel lesen, und wenn Sie Ihren Kindern das Buch »Michel in der Suppenschüssel« von Astrid Lindgren vorlesen, werden Sie und Ihre Kinder das Phänomen schlagartig und mit viel Spaß sofort verstehen.

Komplizierter wird die Sache, wenn der Grund für das Pechvogeldasein des Kindes auf zu wenig Bewegung beruht.

Zu wenig Bewegung

Ja, es ist tatsächlich so, dass Kinder, die von Anfang an zu wenig Bewegung hatten, sehr unsicher und tollpatschig werden und auch in ihrer gesamten Entwicklung Rückstände aufweisen. Auffällig ungeschickte Kinder stolpern wortwörtlich über ihre eigenen Füße. Kinder, die keinen Bewegungsausgleich zum Sitzen in der Schule und vor dem Fernseher haben, fehlt es an Koordinationsfähigkeit und an Selbstbewusstsein. Beides »gute« Voraussetzungen, um in die Pechvogelkarriere einzusteigen. Niederlagen werden dann nicht mehr als ganz gewöhnliche Begleiterscheinungen des Wachsens und Gedeihens eingeordnet, sondern verfestigen das Rollenbild »Pechvogel – Bei mir geht immer alles schief«.

Kinderärzte, Therapeuten und Pädagogen kritisieren seit Jahren den immer stärker werdenden Verlust an Bewegungserfahrung für Kinder. Im Grunde genommen kann die Erziehung fast schon als körperfeindlich bezeichnet werden. Wenn Schulstunden gestrichen werden, dann nicht selten der Sport. Und in der Freizeit wird sowieso zunehmend gesessen, sei es vor dem Computer oder dem Fernseher. Kinder in Deutschland sehen durchschnittlich täglich 1½ Stunden fern. Damit liegen sie, laut einer Studie von IP Deutschland, des Werbezeitenvermarkters der RTL-Gruppe und von VOX, auf Platz zwölf im internationalen Vergleich. Die Erfahrung des Körpers in der Bewegung ist für das Kind, seine Entwicklung, seine Erfahrung der Umwelt und der Selbsterfahrung ungeheuer wichtig. Auch der Aufbau seiner sozialen Beziehungen und damit auch der Aufbau seiner eigenen Handlungsfähigkeit ist ohne diese Erfahrung schwer möglich. Die Lebensbedingungen unserer hoch technisierten Gesellschaft schränken die Spiel- und Bewegungsbedürfnisse der Kinder noch weiter ein. Die Übervorsicht mancher Eltern tut dann ihr Übriges.

Für Kinder bedeuten körperliche Erfahrungen auch immer ganzheitliche Eigenerfahrung und Welterfahrung. Und das bedeutet Welterschließung. Der Körper ist Vermittler zwischen individuellem und welthaftem Leben. Er ist ein Ausdrucksorgan, um ihn herum breitet sich ein Raum sozialer Beziehungen aus, den Kinder sich in seinen Bedeutungen und Zeichen noch aneignen müssen, dessen Regeln und Formen sie zu lernen haben. Miteinander toben, spielen, im Sand schaufeln schafft die nötigen sozialen Kontakte. Wir haben ja schon erfahren, dass Glückskinder sich auch dadurch auszeichnen, dass sie über ein gutes, soziales Beziehungsnetz verfügen.

In den Möglichkeiten seines Körpers findet sich für das Kind zunächst sein individueller Erlebnis- und Erfahrungsraum, aber mit diesen damit gegebenen Möglichkeiten erschließt es sich zugleich seine Welt. Beim Kriechen, Hüpfen, Balancieren, Springen, Klettern, Laufen und Schaukeln erfährt es sich selbst in seiner Eigenaktivität, in seinem Können und seinen Fähigkeiten. Das fördert nicht nur die körperliche Entwicklung, sondern auch die Stärkung von Selbstvertrauen und Selbstwertgefühl – Eigenschaften, die wir bei Glückskindern antreffen, bei Pechvögeln weniger.

Es ist nicht schwer zu erkennen, dass Körper und Bewegung sowohl als Eigenständiges als auch in ihren sozialen Bezügen einen wichtigen Teil in der kindlichen Entwicklung darstellen. Der Aufbau körperlicher Identität, eines Bewegungs- und Körperbildes, stellt sich zugleich als ein wesentlicher Teil der Persönlichkeitsbildung des Kindes dar. Kinder, die aus den unterschiedlichsten Gründen zu wenig Bewegungsmöglichkeiten haben, die ihre Welt nicht oder viel zu wenig über ihre eigenen körperlichen Bewegungen wahrnehmen, erleben, erfahren und erobern können, leiden darunter, nicht nur körperlich, sondern sie haben es auch schwerer in ihren Beziehungen zu anderen, zu ihrer Umwelt und zu sich selbst.

Die Persönlichkeitsentwicklung und die Entwicklung einer eigenen Identität sind auch an Erfahrungen mit körperlicher Bewegung gebunden.

Zu viel Vorsicht

Wer von den Erwachsenen ständig hört: »Pass auf!« und »Sei vorsichtig!« oder »Dafür bist du noch zu klein«, wird unsicher und kann ebenfalls kein Selbstbewusstsein aufbauen. Sätze wie »Das kannst du nicht«, »O Gott, komm da sofort runter« oder »Lass mich das lieber machen« bringen Kinder dazu, an ihre eigene Unfähigkeit zu glauben. Dazu kommt, dass Kinder mit übervorsichtigen Eltern viel zu wenig Erfahrungen sammeln dürfen. Sie werden meist auch in ihrem Bewegungserleben eingeschränkt. Die kleine Zweijährige, die unter Anstrengung versucht, einen steilen Sandhaufen zu erklimmen, wird mitten aus ihrer wichtigen körperlichen Erfahrung herausgerissen, weil der Papa nicht mit ansehen kann, wie sich das Kind abmüht, und er es deshalb kurzerhand hochnimmt und auf den Hügel setzt. Solche Erfahrungen tragen dazu bei, dass Kinder sich nichts mehr zutrauen. Und gerade solchen Kindern passiert dann genau das, wovor die Eltern gewarnt hatten. Das wiederum bestätigt die Eltern in ihrer Annahme, ihr Kind sei halt ein Pechvogel und müsse übermäßig beschützt werden. Ein Teufelskreis beginnt. Denn wie bei Erwachsenen auch geschieht dann das, was die Psychologie eine sich selbst erfüllende Prophezeiung nennt. Da, wo sich alle Gedanken auf das Negative konzentrieren, scheint irgendwann tatsächlich kein Platz mehr für anderes zu sein.

»Das ist eben unser kleiner Tollpatsch«, heißt es dann liebevoll-genervt und damit erhält der Gelegenheitschaot ein Dauerunglücksabonnement. Das ist fast schon doppeltes Pech. Denn das Kind wird dadurch so verunsichert, dass ihm nun zwangsläufig viel mehr danebengeht. Es wird aber auch dadurch verunsichert, dass es erfährt, dass die Wunde am Knie, die es sich beim verunglückten Klettern in den Bergen zuzog, für die Eltern anscheinend viel wichtiger ist als die wunderschöne Sandburg, die es in den letzten Ferien am Meer ganz allein gebaut hat. Was für ein Selbstbild soll es da von sich erwerben? Selbst wenn wirklich mal etwas klappt, wird bei einem »Pechvogel« kaum Notiz davon genommen. Registriert und gespeichert werden die Pechsträhnen. In den Augen der andern – und oft auch aus der eigenen kindlichen Sichtweise – bleibt das Kind der kleine Pechvogel.

Pech macht interessant

Eine weitere gefährliche Komponente schleicht sich ein, wenn das Kind auf seine Pechvogelrolle fixiert wird. Das Kind erlebt, dass es nur Aufmerksamkeit erhält, wenn es seine Rolle als Pechvogel erfüllt. Wenn es etwas gut gemacht hat, sagt kein Mensch etwas dazu. Verstärkt wird dieses Verhalten, wenn das Kind für die kleinen und großen Widrigkeiten, die ihm widerfahren, besonders viel Sympathie und auch schon mal das eine oder andere Trost spendende Geschenk erhält. Gibt es Eis, Schokolade oder Streicheleinheiten nur nach Missgeschicken, so wird dem Kind kaum eine Chance gegeben, eine verantwortungsvolle, selbstständige Persönlichkeit zu entwickeln. Das blutige Knie von Hänschen entwickelt sich dann zur »Pechstrategie« von Hans. Das Kind lernt, dass negativ aufzufallen immer noch besser ist, als gar nicht zur Kenntnis genommen zu werden. Ganz nach dem Motto »Lieber ein stadtbekannter Pechvogel als ein anonymes Glückskind«.

Diese Menschen wollen mit ihren Missgeschicken Aufmerksamkeit erlangen. Denn jemand, dem dauernd etwas zustößt, den muss man doch bemitleiden und gern haben. Nach dem Motto »Wenn das Pech den anderen trifft – das ist Glück«. Solche »Du glaubst ja gar nicht, was mir schon wieder passiert ist«-Menschen neigen manchmal dazu, banale Kleinigkeiten ungeheuer auszuschmücken.

3. Kapitel

Das Strahlekind glaubt an sich selbst – und bleibt fest im Sattel

Wer an sich glaubt, Selbstvertrauen hat und um seinen Selbstwert weiß, der kann getrost – im übertragenen Sinn gesprochen – so manchen fremden Gaul besteigen. Aber das Selbstvertrauen eines Kindes wird nicht nur durch Lob bestimmt, sondern auch durch die Art und Weise, wie wir mit ihm kommunizieren. Wir können etwas negativ oder positiv ausdrücken oder einfach auch nur »befehlen«. Die Botschaften, die wir senden, manifestieren das Bild, das das Kind von sich erwirbt. Ist Ihnen nicht auch schon einmal aufgefallen, dass glückliche Menschen viel häufiger positive Redewendungen gebrauchen als bedrückte? Ein glücklicher Mensch sagt: »Mir geht es prima!« Ein bedrückter Mensch dagegen: »Nicht allzu schlecht, aber ich habe so viel Arbeit und dann auch noch diese Grippe.«

Auch in der Alltagssprache finden sich viele Indizien, dass wir viel zu sehr geneigt sind, etwas negativ zu formulieren. Zum Beispiel »Das kannst du noch nicht« statt »Versuch es doch mal mit der anderen Seite« oder »Fall mir ja nicht herunter« statt »Halte dich gut an den Zweigen fest«. Natürlich können wir alles negativ oder positiv ausdrücken. Aber warum ist dieser »kleine« Formulierungsunterschied so wichtig? Das Kind erhält durch die verbale Botschaft eine Information. Diese Informationen werden verinnerlicht. Sind sie negativ, prägen sie sich die negativen Inhalte fest in den Erinnerungsspeicher ein. Das Kind speichert dann »kann ich nicht«, »falle immer runter« »trödele immer« usw. Sind sie dagegen positiv, bilden die Informationen ein Sicherheit und Zuversicht verleihendes Gerüst für das gesamte spätere Leben. Die Kinder speichern Aussagen wie »Ich vertraue dir« oder »Du schaffst das«. Schritt für Schritt lernen sie, sich selbst innerlich zu führen und zu ordnen, so wie wir sie anfangs mit unseren Worten geführt haben. Was wir denken, wird vom Gehirn sofort mit Bildern und Emotionen belegt. Stellen Sie sich einmal vor, Sie sollen kraftvoll in eine Zitrone beißen. Achten Sie einmal darauf, wie Sie allein bei dieser Vorstellung darauf reagieren. Ein Kind, das sich vorstellt, dass es beim Balancieren über den Bach nicht ins Wasser fallen darf, speichert die Begriffe »nicht« und »ins Wasser fallen«. Wahrscheinlich fällt es ins Wasser.

In unserem Alltag gibt es viele Gelegenheiten, etwas positiv zu formulieren. Achten Sie einmal auf Ihre Sprache.

Positiv zu formulieren lernt man nicht von heute auf morgen, aber man kann es trainieren. Sie helfen Ihrem Kind dadurch, positiv zu denken und zu handeln, sich selbst zu vertrauen und Sicherheit zu empfinden. Es wird dadurch mit vielen schwierigen Situationen viel besser zurechtkommen, denn es weiß, dass es Vertrauen zu sich haben kann und nicht vor Angst gelähmt zu sein braucht, weil es glaubt, es sowieso nicht zu schaffen.

Statt Kritik zu üben, ist es für das Kind hilfreicher, wenn Sie das Verhalten ansprechen, das Sie sich von dem Kind wünschen. Sie können das auch vormachen oder die Handlung des Kindes durch Sprechen kommentieren. Handlungsbegleitendes Sprechen bedeutet, das Bemühen des Kindes liebevoll zu begleiten und sich auf positive Lösungen zu konzentrieren, statt das Kind durch negative Kritik zu verunsichern. Zum Beispiel: »Halte die Milchtüte am oberen Rand ganz fest und mit der Schere schneidest du vorsichtig eine Ecke von den beiden Enden der Lasche ab. Dann kann die Milch herausfließen, ohne dass es kleckert. Das hast du gut gemacht.«

Sätze wie »Bist du ungeschickt«, »Dir fällt aber auch alles hin« oder »Gleich landet die Tasse auf dem Boden« sollten Eltern aus ihrem Sprachrepertoire streichen.

Dagegen sollten in der Sprache und in dem Verhalten der Eltern folgende Botschaften ausgesprochen und unausgesprochen mitklingen:

Ich vertraue dir und glaube an dich.
Ich weiß, dass du im Leben zurechtkommst.
Ich höre dir zu.
Ich sorge für dich.
Es ist schön, dass es dich gibt, du bist mir sehr wichtig.

Die Fähigkeit, liebevoll und selbstverantwortlich zu handeln, friedfertig und großzügig zu sein sowie die Rechte und Bedürfnisse anderer zu respektieren, kann nur entwickelt werden, wenn man selbst die Erfahrung gemacht hat, geliebt und respektiert worden zu sein. Auf dieser Grundlage können Kinder Selbstbewusstsein entwickeln, ihre eigenen Gefühle und Bedürfnisse wahrnehmen und eigenverantwortlich handeln. Das so entstehende Selbstwertgefühl schützt Kinder vor den Gefahren in der Umwelt, vor Drogenmissbrauch oder Selbstmord. Das Kind bleibt fest im Sattel, denn es erfährt täglich:

Ich mag mich selbst und andere.
Ich kann für mich selbst denken und für mich entscheiden.
Es gibt kein Problem, das so groß ist, dass es nicht gelöst werden kann.

Ein Kind, das diese Erfahrungen sammeln darf, wird ein »starkes« Kind. Seine gesamte Persönlichkeit wird dadurch gestärkt. Die Erwartungen an das Kind sind positiv – und sie erfüllen sich auch.

Sind das alles nur Zufälle?

Warum fällt nun dem einen alles in den Schoß, während andere immer leer ausgehen? Sind das alles nur Zufälle? Warum sind manche Menschen Frohnaturen, andere dagegen stets Miesepeter? Die Glücksforscher sind da geteilter Meinung. Einig sind sie sich dagegen darin, dass das Temperament eines Menschen zum großen Teil genetisch bestimmt wird. Dieser biologische Faktor entscheidet also mit darüber, wie ausgeprägt die individuelle Anfälligkeit gegenüber negativen Gefühlen sein wird – und damit der Hang zum Unglücklichsein und die vermehrte Interpretation von Situationen als Missgeschicke. Ein Gen namens 5-HTT reguliert und steuert unsere Gefühle. In der Fachwelt wird dieses Gen auch spaßhaft nach dem Unglücksraben und Stadtneurotiker »Woody-Allen-Gen« genannt. Ein Teil der Wissenschaftler ist davon überzeugt, dass dieses Gen dazu beiträgt, die unterschiedlich ausgeprägte Begabung zum Glücklichsein zu erklären.

Gestützt wird diese These übrigens durch die Zwillingsforschung. Eineiige Zwillinge, die getrennt in verschiedenen sozialen Milieus aufwuchsen, zeigten übereinstimmende Gefühlslagen. Menschen, bei denen sich im linken, präfrontalen Bereich der Hirnrinde verstärkt Aktivitäten messen lassen, haben mehr Freude an Kleinigkeiten, sind enthusiastischer, energiegeladener und wacher. Aber auch die Botenstoffe Dopamin und Serotonin beeinflussen unsere Stimmung. Je höher der Spiegel, desto größer das Wohlbefinden. Je besser das Gehirn mit Rezeptoren ausgestattet ist, umso temperamentvoller, neugieriger und glücksfähiger sind wir.

Trotz solcher Erkenntnisse ist es aber wichtig, sich bewusst zu machen, dass wir einem »ererbten« Schicksal nicht dauerhaft ausgeliefert sind. Vieles, sehr vieles, hängt von uns selbst und unserer Umwelt ab. Die Anfälligkeit für »unglückliche Zustände« mag zwar teilweise ein angeborenes Handicap sein, aber die Fähigkeit zum Glück lässt sich auch erlernen und erarbeiten. Wer optimistische Eltern hat, die die zuvor beschriebenen Verhaltensweisen beherzigen, hat gute Chancen, selbst auch ein »Glückskind« zu werden.

In einer Zeitschrift berichtete eine Redakteurin über einen Bekannten. Sie ist fest davon überzeugt, dass es Glückskinder gibt und alles, was ihnen zustößt, keine Zufälle sind. Ihr Bekannter gehört zu den Glückskindern. Wenn er ein Los kauft, gewinnt er. Wenn er an einem Preisausschreiben teilnimmt, gewinnt er. Wenn Sie mit ihm um irgendetwas eine Münze wirft – er gewinnt. Und als er während einer Asienreise auf einer altersschwachen Fähre, weitab von jeder Zivilisation an schweren Fieberkrämpfen erkrankt, die für jeden anderen den sicheren Tod bedeutet hätten, ist »rein zufällig« auf dieser kleinen Fähre ein deutsches Ehepaar. Sie sind beide Fachärzte für Tropenkrankheiten und haben natürlich lebensrettende Medikamente im Reisegepäck.

Ein weiterer Artikel zum Thema »Zufälle« in einer Zeitschrift machte mich nachdenklich. Die Überschrift lautete: »Sie gewinnt immer – trotzdem ist sie kein Glückskind«. Der Artikel handelte von einer jungen Frau, die immer gewinnt, wenn sie bei einem Preisausschreiben mitmacht, deren Freude aber nicht lange anhält, denn auf jeden Gewinn folgt eine kleine Pechsträhne. Manchmal haben Gewinn und Pechsträhne keinen ursächlichen Zusammenhang, aber die Häufung ist so auffällig, dass es selbst einem kühlen Rationalisten schwer fällt, an Zufall zu glauben. Die junge Frau gewinnt ein Auto, was sie sich nicht leisten konnte, aber zur gleichen Zeit geben Waschmaschine, Kühlschrank und Videorecorder ihren Geist auf. Viele weitere Begebenheiten beinhalten diese Kopplung von Glück und Pech. Sie selbst sagt von sich, sie wisse, dass sie alles gewinnen kann, was sie will, aber vorher oder nachher passiere ein Unglück. Und trotzdem: Sie vertraut immer wieder auf ihr Glück. Ihre

Mutter stellt zum ersten Mal einen Lottoschein auf den Namen ihrer Tochter aus (sie selbst hat noch nie gespielt) und sie gewinnt. Vom Gewinn lässt sie sich ein schönes Holzhaus bauen. Sie gerät an einen Dilettanten. Statik und Isolierung stimmen nicht und das Haus muss in Höhe von zwei Dritteln der gewonnenen Summe noch einmal nachgebessert werden. Die Frau strahlt in die Kamera. Kein Grund zum Trübsalblasen. Das Leben ist schön und bald lacht ganz sicher wieder das Glück. Alles nur Zufall?

Synchronizität — zwei Dinge, die miteinander in Verbindung stehen

Die so genannten Zufälle können aber auch noch von einer ganz anderen Seite her beleuchtet werden. Denn auch die Psychologen und Therapeuten haben sich ausgiebig mit diesem Thema beschäftigt. Dazu müssen wir ein wenig die Tiefenpsychologie streifen. Der Psychologe und Therapeut C. G. Jung hat sich sehr intensiv mit dem Phänomen dieser so genannten Zufälle beschäftigt. Sie sind manchmal so frappierend, dass wir uns fast wie Personen aus einem Stück vorkommen, das von einem Drehbuchautor bereits geschrieben wurde.

Sehr häufig ereignet sich in unserem Leben etwas, das wir Zufall nennen. Zwei Dinge geschehen, und die Art und Weise, wie sie miteinander in Verbindung stehen, macht uns aufmerksam. Viele kleine Geschehnisse haben keine große Bedeutung für unser Leben, sie sind nur zufällig. Aber es gibt auch eine Art von Geschehnissen, ein seltsames Zusammentreffen von Ereignissen, die uns aufwühlen und nachdenklich stimmen. Wir spüren, da geschieht etwas Eigenartiges, Wichtiges. Etwas, das vielleicht eine tiefere Botschaft für uns enthält. Manchmal können wir den Sinn im Zufälligen gut erkennen, in anderen Fällen vielleicht erst viel später. Die bedeutsame Gleichzeitigkeit von Ereignissen bezeichnete C. G. Jung als »Synchronizität«. Auch heutige Glücksforscher bestätigen, dass es ein Gesetz gebe, wonach wir im selben Augenblick genau das erhalten, was wir brauchen.

Die jungianische Tiefenpsychologie vertritt nun die Theorie, dass jedes Leben eine Geschichte sei und uns synchronistische, »zufällige« Ereignisse die Struktur unserer Geschichte bewusst machen könnten, wenn wir bereit seien, sie wahrzunehmen und hinzuhorchen. Manchmal ereignen sich Dinge, die wir als Unglück bezeichnen und die wir gern vermieden hätten. Mit etwas zeitlichem Abstand stellt sich aber sehr oft heraus, dass diese Ereignisse gar nicht unerfreulich oder bedeutungslos waren, wie sie zunächst erschienen, sondern uns den Weg geebnet haben zu einem wichtigen Schritt in unserer Entwicklung. Synchronizität ist dann gegeben, wenn ein für den Betreffenden bedeutsames Zusammentreffen ungewöhnlicher, zufälliger Ereignisse geschieht. Dabei ist das Empfinden der Bedeutsamkeit eines Ereignisses sehr subjektiv. Manche Menschen weinen bei einer bestimmten Szene im Kino, andere finden dieselbe Szene lächerlich und sentimental. Genauso subjektiv ist die Interpretation von Glück oder Unglück, wobei aber die Art der Formulierung eine Rolle spielt. Eine kleine Geschichte verdeutlicht das sehr anschaulich:

Der Traum

Sultan Soliman hatte geträumt, er verliere alle Zähne. Er fragte einen Traumdeuter nach dem Sinn des Traums. »Welch ein Unglück!«, rief dieser. »Jeder verlorene Zahn bedeutet den Verlust eines deiner Angehörigen!« »Was!«, schrie der Sultan, »das wagst du mir zu sagen?« Und er befahl: »Fünfzig Stockschläge diesem Unverschämten.«

Dann wurde ein anderer Traumdeuter vor den Sultan geführt. Als er von dem Traum erfahren hatte, hob er wie in

Verzückung die Hände und verkündete: »Oh, welch ein Glück! Unser Sultan wird all die Seinen überleben!«

Da heiterte sich des Sultans Gesicht auf und er sagte: »Ich danke dir, Freund. Gehe zu meinem Schatzmeister und lasse dir fünfzig Goldstücke geben. Du hast sie verdient.«

Als der Traumdeuter den Palast verließ, sagte ein Hofherr zu ihm: »Du hast des Sultans Traum doch nicht anders gedeutet als der erste Traumdeuter!« Der schlaue Traumdeuter erwiderte: »Merke dir, man kann alles sagen – es kommt nur darauf an, wie man es sagt.«

Heinrich Tieck

Etwas kann bedeutungsvoll und wichtig für uns sein, wenn wir damit bestimmte Wertvorstellungen verknüpfen. Das können konventionelle Werte sein oder aber auch ganz individuelle, die wir mit wenig anderen Menschen teilen. Ein Ereignis kann aber auch bedeutungsvoll für uns sein, wenn es unser Leben stark beeinflusst oder sogar verändert. Manchmal treffen auch beide Gründe gleichzeitig zu.

Ein synchronistisches Ereignis hat also für den Betroffenen eine subjektive Bedeutung. Für einen anderen Menschen kann die gleiche Sache völlig bedeutungslos sein. Wer seit Jahren Lotto spielt und dann eines Tages einmal gewinnt, ist zwar glücklich, aber nicht sonderlich überrascht. Wer aber noch nie Lotto gespielt hat und dann den ersten auf seinen Namen ausgefüllten Lottoschein erhält und gleich einen großen Gewinn einstreicht, für denjenigen ist das schon ein eigenartiger Zufall.

Und gerade weil es sich bei der Synchronizität um ausgesprochen Subjektives handelt, neigt man leicht dazu, die synchronistischen Erlebnisse anderer anzuzweifeln, sie ins Lächerliche zu ziehen oder sogar abzuwerten.

Sinnvoll ist es, mit Forschergeist an die Sache heranzugehen.

Vielleicht regt dieses synchronistische Ereignis mich dazu an, alles einmal unter einem anderen Blickwinkel zu betrachten. Vielleicht verstehe ich dadurch besser, was geschehen ist. Auf diese Weise gelingt es meistens, die Bedeutung der Geschichten, die wir so oft erleben, besser zu erkennen. Synchronistische Ereignisse zeichnen sich durch vier besondere Merkmale aus:

1. Sie sind nicht durch Ursache und Wirkung miteinander verknüpft, die der Betreffende beabsichtigt oder sogar selbst verursacht hat.
2. Sie gehen stets mit einer tiefen emotionalen Erfahrung einher, die in den meisten Fällen zeitlich mit dem synchronistischen Ereignis zusammenfällt.
3. Synchronistische Ereignisse haben immer Symbolcharakter.
4. Diese »Zufälle« ereignen sich auffällig oft in wichtigen Übergangsphasen. Manchmal geben sie unserer Lebensgeschichte eine ganz neue Wendung.

> *Synchronistische Ereignisse sind nicht durch Ursache und Wirkung miteinander verknüpft, die der Betreffende beabsichtigt oder sogar selbst verursacht hat.*

Warum fällt es uns aber so schwer, diese so genannten Zufälle als Wink des Schicksals zu begreifen und daraus zu lernen?

Unser Weltbild zeichnet sich dadurch aus, dass wir kausal denken. Auf jeden Reiz folgt die Reaktion, auf jede Handlung die entsprechende Konsequenz. Diese Denkweise ist die Grundlage vieler wissenschaftlicher Theorien. Wir empfinden uns selbst als die Verursacher der durch unsere Handlung bewirkten Reaktion. Dieses Kausalprinzip ist ein so fundamentaler Bestandteil unseres westlichen Denkens, dass wir es ständig anwenden, ohne uns dessen bewusst zu sein. Deshalb ist es zunächst ein regelrechter Schock, wenn wir plötzlich mit einem

Ereignis konfrontiert werden, das keinen kausalen Zusammenhang aufweist, aber doch auf geheimnisvolle Weise mit irgendetwas verknüpft zu sein scheint. Wahrscheinlich ist dies auch der Grund, warum wir synchronistische Ereignisse nur schwer für uns akzeptieren: Sie zwingen uns nämlich, den Standpunkt des kausalen Denkens zu verlassen und umzudenken. Dadurch gerät unsere scheinbar sichere Position ins Wanken.

Das kausale Denken vermittelt uns die Illusion, wir hätten vollkommene Kontrolle über unsere Umgebung und unser Schicksal selbst in der Hand. Das erzeugt ein Gefühl von Sicherheit und Macht und ermöglicht gleichzeitig, uns von der Welt abzugrenzen und selbst, sofern wir es wollen, Einfluss auf sie zu nehmen. Unsere Freiheit wird nur durch die Konsequenzen begrenzt, die unsere Handlungen nach sich ziehen. Akzeptieren wir sie, haben wir Handlungsfreiheit.

Treten nun aber synchronistische Ereignisse auf den Plan, wird unser Empfinden, alles kontrollieren zu können, erschüttert. Plötzlich geschieht etwas mit mir, auf das ich gar keinen Einfluss hatte oder das ich überhaupt nicht wollte. Und dann ist dieses Ereignis auch noch bedeutsam. Ein solcher Gedanke ängstigt die meisten Menschen. Für viele Menschen ist der Zufall – und damit meine ich nicht den Lottogewinn – ein Feind, etwas, das sie am liebsten von ihrem Leben fern halten würden. Menschen aus nichteuropäischen Kulturkreisen reagieren da ganz anders. Ein Indianer, Asiat oder Tibeter fühlt sich selbst nicht als individuelles Ich, sondern als Teil eines größeren Ganzen, in dem alles Leben miteinander verknüpft ist.

Er sieht in seinen Handlungen auch nicht die Ursache für eine bestimmte Wirkung und fühlt sich nicht abgetrennt von der objektiven Welt, sondern als Teil der subjektiven Verknüpfungen, weshalb er sich auch nicht wundert, wenn ihm etwas Außergewöhnliches »zufällt«.

Wirkungsvolles Handeln wird in diesen Kulturen so verstanden, dass man den richtigen Zeitpunkt wählt, die eigene Motivation prüft, eventuell den Rat einer größeren Gemeinschaft einholt oder versucht, den Willen der Götter zu ermitteln, damit die eigene Handlung im Einklang mit dem Leben steht. In solchen Kulturen ist es immer noch üblich, vor wichtigen Entscheidungen die Sterne, den Mond oder einen Weisen zu befragen. Handeln ist danach ein Prozess, dem Sorgfalt und Demut vorauszugehen hat. Mit einer Einstellung, die der subjektiven Erfahrung des Verbundenseins mit der ganzen Welt mehr Bedeutung beimisst als der Beherrschung der Umwelt, ist die Akzeptanz bedeutungsvoller Zufälle ohne Schwierigkeiten zu vereinbaren.

Aus der Vorstellung einer Synchronizität von Ereignissen lässt sich noch ein anderer Gedanke ableiten. Wenn wir akzeptieren, dass Ereignisse auch nichtkausal miteinander verknüpft sein können, und wir die Illusion aufgeben, alles sei kontrollierbar, dann müssen wir auch akzeptieren, dass es zwischen der physischen Welt und psychischen Vorgängen Zusammenhänge gibt. Dieser Gedanke fällt uns unglaublich schwer, weil er darauf hinausläuft, dass es eine Verbindung von »innen« und »außen« gibt. C. G. Jung definiert Synchronizität als »Gleichzeitigkeit eines gewissen psychischen Zustandes mit einem oder mehreren äußeren Ereignissen«. Innere Zustände wie Gefühle, Bewertungen, Sehnsüchte, Eingebungen können sehr wohl, und oft auf sehr schicksalhafte Weise, mit äußeren Ereignissen wie Telefonaten, Geschenken oder Liebesaffären verknüpft sein.

Die so genannten Zufälle zwingen uns also dazu, die Welt als Ganzheit zu betrachten, in der unsere eigenen Erfahrungen und Handlungen mit denen anderer verknüpft sind. Nicht nur unsere vermeintliche Kontrolle über unser Schicksal und unsere Umwelt wird damit ad absurdum geführt, sondern auch die Trennung zwischen subjektiver und objektiver Realität sowie unser Zeitbegriff. Beim kausalen Denken ist der Zeitbegriff linear, es gibt die Begriffe »davor« und »danach«. Ursachen gehen also anscheinend ihren Wirkungen zeitlich voraus. Bei der nichtkausalen Verknüpfung sind diese Begriffe jedoch nicht von Bedeutung. Wann etwas geschah ist nicht wichtig, sondern was geschah und was das Ereignis für die Person bedeutete, die es erlebte.

Wir werden herausgefordert, unser Leben aus einem anderen Blickwinkel zu betrachten und eine neue Sichtweise einzunehmen.

> *Synchronisierte Ereignisse gehen stets mit einer tiefen emotionalen Erfahrung einher, die in den meisten Fällen zeitlich mit dem Ereignis zusammenfällt.*

C. G. Jung weist in seinen Ausführungen zur Synchronizität auch darauf hin, dass der emotionale Faktor eine bedeutsame Rolle spielt. Bei vielen »Zufällen« haben wir ein überwältigendes Gefühl von etwas Erhabenem. Manche Ereignisse setzen ungeheuer viel psychische Energie frei.

Leider fällt es Menschen aus unserem Kulturkreis nicht leicht, sich zu ihren Gefühlen zu bekennen. Oft werden sie nicht einmal präzise wahrgenommen, sondern bleiben eher diffus und nicht greifbar. Während wir das Äußere und damit »Objektive« meist sehr hoch bewerten, wird das Innere und »Subjektive« eher abwertend betrachtet. Nichts aber ist subjektiver als unsere Gefühle. In unserer westlichen Tradition sind Gefühle eher etwas Suspektes, ein Unsicherheitsfaktor, eine Fehlerquelle und etwas Trügerisches.

Synchronistische Ereignisse und deren nachhaltige Wirkung auf unser Gefühlsleben erschüttern unser gewohntes Weltbild. Darin gerade liegt ihre Chance für die Veränderung unserer Lebensumstände. Der äußere Sachverhalt ist dabei nicht so entscheidend, sondern die emotionale Wirkung des Ereignisses auf den Betroffenen. Sie geht manchmal so tief, dass die Betroffenen noch viele Jahre später in allen Einzelheiten über das Erlebnis berichten können.

Synchronistische Ereignisse wecken in uns die Fähigkeit, tief und differenziert zu empfinden, gerade deshalb sind sie ja auch so bedeutsam für uns. Sie zwingen uns, die Gefühle zuzulassen, die Kontrolle über uns ein Stück weit aufzugeben und sich neuen Erfahrungen zu öffnen. Sie helfen uns dabei, einfach das zu sein, was wir sind oder werden sollen, und nicht das, was wir oder andere glauben sein zu müssen.

Sich seinen Gefühlen zu öffnen heißt auch, sich verwundbar zu machen. Wenn wir Gefühlen gegenüber offen sind, nehmen wir nicht nur unsere eigenen Empfindungen wahr, sondern auch die der anderen. Wir erleben, dass man Gefühle mit anderen teilen kann und dass sie uns mit den anderen verbinden. Das kann eine sehr tröstliche Erfahrung sein. Gefühle sind eine Möglichkeit, das Leben zu erfahren, zu erfahren, dass emotionale Erlebnisse ebenso wichtig sind wie Gedanken und der Verstand, ja in gewissen Situationen sogar noch wichtiger. Unsere Gefühle sind die treibende Kraft unserer Lebensgeschichten. Sie sorgen dafür, dass sich die Handlung weiter voranentwickelt.

Synchronisierte Ereignisse haben immer Symbolcharakter.

Bei jedem bedeutsamen Ereignis weist das Geschehen immer einen starken Symbolcharakter auf. Oft wird er übersehen und nicht erkannt, weil wir von unseren Gefühlen so überwältigt sind. Wir sind völlig fassungslos darüber, wie etwas derart Unwahrscheinliches geschehen kann. Bedeutsame Zufälle weisen zwischen den Ereignissen symbolische Zusammenhänge auf, die viele Menschen aus ihren Träumen kennen. Auch Träume werden nicht von uns selbst verursacht und haben einen starken emotionalen und symbolischen Charakter.

Die symbolische Dimension der bedeutsamen Zufälle zwingt

uns, Fragen über unser Leben zu stellen. Was bedeutet dieses Ereignis? Was soll mir dadurch »mitgeteilt« werden? Was sagt es über mich aus? Was über meine bisherige und künftige Entwicklung?

Symbole deuten auf eine Wirklichkeit hin, die uns nicht bewusst ist oder zumindest nur teilweise. Aus diesem Grund haben synchronistische Ereignisse die Funktion, uns unbewusste Teile bewusst zu machen. Jung behauptete, das Unbewusste im Menschen bestehe nicht nur aus individuellen verdrängten Erinnerungen, sondern beinhalte auch den psychischen Erfahrungsschatz der gesamten Menschheit. Er nannte es das »kollektive Unbewusste«. Dazu gehören viele Symbole, die allen Menschen gemeinsam sind, uns aber nur in besonderen seelischen Zuständen bewusst werden können. Die Inhalte, Muster und Symbole des kollektiven Unbewussten nannte Jung »Archetypen«.

Jungs Theorie klingt durchaus logisch. Haben wir Menschen denn nicht alle gemeinsame Erfahrungen wie Geburt, Kindheit, Alter und Tod? Sollte es über alle Unterschiede hinaus, in der Erfahrung, in der Kultur und der Zeit, in der wir leben, nicht auch unabhängige Faktoren geben, die uns überhaupt zu Menschen machen und die uns alle miteinander verbinden?

Manche der Archetypen werden als Figuren dargestellt und man findet sie als Symbol überall auf der Welt. Zum Beispiel das ewige oder göttliche Kind, der Weise oder der Drache. Viele Archetypen stellen jedoch typische Erfahrungen symbolhaft dar: das Erwachsenwerden, die erste Begegnung mit der Sexualität, die erste Menstruation oder das Verstricktsein in einen scheinbar unlösbaren Konflikt.

Synchronistische Ereignisse haben die Kraft, uns solche Archetypen bewusst zu machen. Ein synchronistisches Ereignis ist daher immer eine außergewöhnliche Erfahrung, die uns sensibel gegenüber den spirituellen Dimensionen unseres Lebens machen soll. Aber warum sträuben wir uns dann so oft dagegen?

In den Archetypen stecken enorme Naturkräfte oder Energien. Eine Berührung mit ihnen könnte uns unter Umständen aus der Bahn werfen und dazu führen, dass wir unsere Orientierung verlieren. Da viele Menschen Furcht vor Neuerungen haben, »verweigern« sie unbewusst ihre Entwicklung und halten lieber am Alten fest.

Wir haben gehört, dass sich Glückskinder auch dadurch auszeichnen, dass bei ihnen die Neugier auf das Neue überwiegt. Wer sich dem Neuen, der Veränderung verschließt – und damit den Forderungen des Lebens –, kann auf keinen Fall ein Glückskind sein. Es sei allerdings davor gewarnt, sich dem Bilderreichtum und der ungeheuren Kraft von Symbolen vollständig zu überlassen, also darin abzutauchen. Unser Ich könnte davon überwältigt werden und wir könnten den Boden unter den Füßen verlieren.

Der Symbolgehalt eines synchronistischen Ereignisses führt uns also auf die Ebene unseres Schicksals, auf der eine Verbindung zu allen anderen Menschen deutlich wird.

> *Die bedeutsamen »Zufälle« ereignen sich auffällig häufig in wichtigen Übergangsphasen. Manchmal geben sie unserem Leben eine ganz neue Wendung.*

Es gibt Zeiten im Leben, da läuft einfach alles wie am Schnürchen. Wir haben unseren Platz in der Welt gefunden, alles scheint stabil zu sein. Unsere Partnerschaft ist harmonisch, der Job macht Spaß, das Gehalt ist gut, das Eigenheim ist bald abbezahlt, wir sind gesund und rundum zufrieden.

Aber es gibt auch Zeiten, da führen Stabilität und Sicherheit des Lebens zu lähmender Langeweile und dem Gefühl, dass sich unbedingt etwas ändern muss. Manchmal geschieht der Einschnitt in die Sicherheit der Existenz aber auch durch Scheidung, Verlust des Arbeitsplatzes oder die Diagnose »Krebs«.

Das mehr oder weniger deutliche Gefühl, sich innerlich weiterzuentwickeln, kann auch zusammen mit Ereignissen auftreten, die uns zunächst einmal aus der Bahn werfen. In solchen Übergangszeiten suchen viele Menschen Hilfe bei Ärzten, Therapeuten, Seelsorgern oder Freunden und Verwandten. Besonders Menschen, die selbst ähnliche Phasen durchlebt haben, werden zu willkommenen Beratern.

Es gibt aber auch Menschen, die in diesen Zeiten nicht nur Hilfe von außen erhalten, sondern auch Hilfe von innen. Ungebeten und unerwartet zeigen ihnen »zufällige« Ereignisse den Weg, den sie gehen müssen, um aus dem Leben, das ihnen nicht mehr entspricht, in ein erfüllteres überzugehen. Diese Zufälle ereignen sich sehr oft in Augenblicken, wo es nicht mehr weiterzugehen scheint.

Nach der Synchronizitätstheorie von Jung dient jedes Zufallsereignis mit einer emotionalen und symbolischen Deutung dazu, dass wir die Fähigkeit erlangen, uns weiterzuentwickeln. Daher ereignen sich diese bedeutsamen Ereignisse sehr häufig in entscheidenden Übergangsphasen unseres Lebens. In diesen Zeiten, in denen wir Hilfe und Rat von anderen Menschen suchen, lässt uns unsere Psyche eine innere Hilfe in Form von bedeutsamen Zufällen zukommen.

Sehr häufig hat dieses Ereignis den Zweck, uns »aufzuwecken«, uns wach zu machen für den Augenblick und uns bewusst zu werden, dass eine Veränderung nötig oder bereits im Gange ist, ob wir es nun wahrhaben wollen oder nicht. Oftmals besagt die Botschaft auch, dass wir unsere Haltung, beziehungsweise Sichtweise verändern müssen, um weiterzukommen.

Jede Weiterentwicklung in unserem Leben ist ein Prozess, der drei Stadien durchläuft. Als Erstes setzt die Erkenntnis ein, dass es so in unserem Leben nicht mehr weitergeht. Die Lebensumstände entsprechen nicht mehr unseren Bedürfnissen und Zielen. Diese Erkenntnis wird manchmal durch ein äußeres Ereignis hervorgerufen oder wir spüren in uns wachsende Unzufriedenheit und Verzweiflung. Wir spüren genau, dass wir nicht so leben, wie wir möchten und sollten. Die zweite Phase zeichnet sich durch Verwirrung und Verunsicherung aus. Das Alte funktioniert nicht mehr, aber das Neue erscheint uns noch so diffus und schemenhaft. Wir beginnen, uns ein anderes Leben vorzustellen. Manche Menschen brechen auch einfach aus ihren bisherigen Lebensumständen aus, ohne genau zu wissen, welchen Schritt sie als nächsten gehen sollen. Ein Zurück gibt es nicht mehr, aber eine Idee für die Zukunft auch noch nicht. Diese Phase kann unterschiedlich lange dauern, Tage, Wochen oder sogar Jahre. Aber dann, in der letzten Phase, werden unsere Gefühle klarer. Wir erkennen immer mehr die Struktur unseres neuen Lebensabschnitts. In dieser Zeit bekommen wir oft Hilfe – von außen und von innen. Wir beginnen aktiv zu werden und unser Leben so zurechtzuschneidern, dass es wieder zu uns passt. Dass wir uns in einer Übergangsphase befinden, wird uns sehr häufig erst durch ein synchronistisches Ereignis bewusst.

Viele Fallbeispiele aus der psychologischen Literatur verdeutlichen, dass es wirklich so zu sein scheint, wie C.G. Jung herausfand. Jeder Mensch macht zu seiner Zeit, auf seine eigene Weise, Erfahrungen, die ihm helfen, der Mensch zu werden, der er in seinem tiefsten Inneren ist. »Werde, der du bist.« Der Entwicklungsprozess dahin erscheint Außenstehenden manchmal unverständlich, destruktiv, verrückt zu sein. Manchmal kann uns eben erst ein bedeutsamer Zufall, der die tiefe, symbolische Übereinstimmung von innen und außen bewusst macht, dazu führen, dass wir es wagen, in unserem Leben weiterzugehen. Es sollte allerdings noch einmal klargestellt werden dass synchronistische Ereignisse auch tragische, schlimme Geschehnisse sein können. Der ehemalige Schlagersänger Michael Hoffmann sagte einmal in einem Interview: »Ich war am Ende meiner Kräfte. Da bekam ich Krebs. Ich war so erleichtert. Jetzt konnte ich aufhören, ich konnte meine Plattenfirma anrufen und hatte einen Grund, endlich mit der elenden Hetzerei aufzuhören.«

Ein synchronistisches Ereignis ist ein wichtiger Wendepunkt im Leben eines Menschen. Wenn wir wissen, dass synchronistische Ereignisse – also bedeutsame Zufälle – geschehen, wenn wir an der Schwelle zu einem neuen Lebensabschnitt sind, können wir lernen, ganz besonders auf solche Zufälle zu achten und ihre Botschaft zu entschlüsseln. Wir können daran aber auch erkennen, dass unser Schicksal in ein größeres Ganzes eingebunden sein muss.

Unser Leben hat – uns bewusst oder auch nicht – eine Struktur, einen Zusammenhang und eine Richtung und – eine ihm eigene, individuelle Schönheit.

In jeder Situation auf sein Glück vertrauen

Fest steht wohl, dass alle Wesen mit Bewusstsein nach Glück streben. Aber was ist Glück? Ein Gefühl, das aus Sinneseindrücken entsteht, die Gunst des Schicksals, eigenes Verdienst oder ein Geschenk des Himmels?

Wem habe ich es zu verdanken, wenn mir Glück widerfährt? Ist das ein Zufall oder standen nur die Sterne zur Stunde meiner Geburt sehr günstig?

Jeder Mensch – auch Kinder – entscheidet sich, womit er sein Leben füllen will. Was soll seine Lebensaufgabe werden, wo zieht es ihn hin, wofür will er sein Leben einsetzen? Glück hat nichts damit zu tun, dass man tunlichst darauf achten sollte, ein möglichst leichtes, bequemes Leben zu ergattern. Es ist vielmehr so, dass einem Schwierigkeiten, Widerstände, Verzicht und Konflikte, die man bewältigt hat, ein Gefühl von Stärke und Kraft geben. Daraus erwachsen Selbstvertrauen und Selbstwertgefühl. Und sie sind ganz sicher wichtige Bestandteile des menschlichen Glücks. Auch ein erfolgreiches Leben ist zwangsläufig noch längst kein glückliches und erfüllte Wünsche garantieren uns kein erfülltes Dasein.

Menschen, die fest in ihrem Glauben geborgen sind, können leichter in jeder Situation auf ihr Glück vertrauen, denn sie wissen, dass »denen, die Gott lieben, alle Dinge zum Besten dienen« (Röm. 8, 28).

Ein Mensch ist nur lebensfähig – und damit auch glücksfähig –, wenn er lieben kann und sich selbst geliebt fühlt. Das sind sozusagen die Grundpfeiler, das Fundament, auf dem das Haus »Glück« Bestand haben kann.

Liebe schenken
Liebe erfahren
Selbstvertrauen
Selbstwertgefühl

In jeder Situation auf sein Glück zu vertrauen bedeutet auch, den Schwierigkeiten des Lebens immer wieder ein großes Maß an geglücktem Leben abzuringen. Denn wie wir schon gehört haben, ist das Leben an sich auch für ein Glückskind nicht leicht. Es geht nur anders mit den Unwägbarkeiten um. Glückskinder lassen sich durch Schwierigkeiten nicht lähmen, sondern nehmen sie als Herausforderungen an. Sie sind vom Gelingen fasziniert, nicht vom möglichen Scheitern. Sie lassen sich ein auf ihr Leben, mit allem, was da kommt. Sie flüchten nicht, sondern halten ihr Schicksal für zumutbar und vor allem für veränderbar. Diese Haltung und das Vertrauen darauf, dass es kreative Lösungen gibt, lassen Glückskinder ihre Schwierigkeiten meistern und über sie hinauswachsen. Glückskinder suchen nicht das »große Glück«, sondern sie erleben ihr Glück im Alltag und zwar dadurch, dass sie tun, was zu tun ist.

Ich möchte noch einmal einen kleinen Abstecher in die Literaturwelt machen. Diesmal in das Land der Märchen. Viele von

Ihnen kennen sicher das Märchen »Der Teufel mit den drei goldenen Haaren«, gesammelt von den Brüdern Grimm. Dieses Märchen handelt vom Vertrauen in das eigene Schicksal. Wir können viel durch diese Erzählung lernen.

Was aber ist Schicksal? Unser Geschick? Von wem wird es uns geschickt? Viele Menschen haben fast Furcht vor dem Begriff »Schicksal«. Es ist geheimnisumwoben, bleibt uns fremd und teilweise unbekannt. Manchmal sehen alte Menschen am Ende ihres Lebens ein Muster – ihr Schicksal. »Werde, der du bist«, sagt eine alte Weisheit und meint damit die Aufforderung, das Leben als Möglichkeit anzusehen, der zu werden, der man im tiefsten Grunde seines Selbst ist.

Daimon

Wie an dem Tag, der dich der Welt verliehen,
Die Sonne stand zum Gruße der Planeten,
Bist alsobald und fort und fort gediehen
Nach dem Gesetz, wonach du angetreten.
So musst du sein, dir kannst du nicht entfliehen,
So sagten schon Sibyllen, so Propheten;
Und keine Zeit und keine Macht zerstückelt
Geprägte Form, die lebend sich entwickelt.

J. W. Goethe, Urworte, orphisch

»Werde, der du bist« ist die Aufforderung des Lebens an jeden Menschen. Sie bedeutet, dass wir alle herausfinden müssen, wer wir sind, was wirklich zu uns gehört, was Gültigkeit hat für uns, was stimmt und was uns aufgezwungen wurde. Stimmen meine Gefühle und meine Lebensauffassung mit meiner jetzigen Lebensweise überein? Oder versuche ich, der Auseinandersetzung mit dem Gang meines Lebens aus dem Weg zu gehen? In solchen Fällen erfindet der Betreffende immer neue »Ausreden«, vielleicht wird er sogar krank, um seinen alten Zustand – der ihn nicht weiterbringt – aufrechterhalten zu können. Es gibt Situationen, Probleme, Verhaltensweisen, die gehören zu uns, aber auch solche, die sind uns »fremd«. Sie behindern uns und tragen dazu bei, dass wir die Aufgaben, die zu unserem Schicksal gehören, verfehlen. Aber Glückskinder wissen: Diese Verfehlungen unserer Lebensaufgaben bringen uns oft überhaupt erst auf den Weg unserer Selbstwerdung. In dem Umgang mit diesen Verwirrungen und Widrigkeiten unterscheiden sich Glückskinder und Pechvögel. Eine bestimmte Lebensaufgabe – trotz Schwierigkeiten und Fehlern – zu erfüllen gibt unserem Leben Sinn.

Die Bedeutung, die ein Schicksal hat, liegt darin, welche Bedeutung der Einzelne seinem Schicksal überhaupt gibt. Und natürlich auch, mit welcher Ernsthaftigkeit er sich bemüht, es auch zu leben.

Das im Folgenden erzählte Märchen will uns zeigen, dass wir in jeder Situation Vertrauen in unser Schicksal haben dürfen. Nur dann können wir Schwierigkeiten überwinden. Unser Held im Märchen hat es – vordergründig betrachtet – natürlich leicht: Er ist als Glückskind geboren. Diese Weissagung schützt ihn allerdings nicht vor Bedrohungen. Aber wir sehen daraus, dass der Vertrauen in das Leben hat, der »eine gute Weissagung« mitbekommt, denn eine solche bedeutet eine Grundlage für Vertrauen und Selbstvertrauen. Natürlich ist beim Vertrauen immer ein Risiko dabei. Wenn ich alles vorherwüsste, dann brauchte ich nicht vertrauen. Aber das Märchen zeigt auch, dass Vertrauen sich immer lohnt. Würde ich aus Angst und Furcht vieles ausgrenzen, wäre mein Leben unerfüllt, unglücklich und verfehlt. Im Grunde bleibt uns gar nichts anderes übrig, als uns im Rahmen unserer Möglichkeiten auf das Leben – mit seinem Risiko – einzulassen und auf unser »Glück« in jeder Situation zu vertrauen.

～ Der Teufel mit den drei goldenen Haaren ～

Es war einmal eine arme Frau, die gebar ein Söhnlein, und weil es eine Glückshaut um hatte, als es zur Welt kam, so ward ihm geweissagt, es werde im vierzehnten Jahr die Tochter des Königs zur Frau haben. Es trug sich zu, dass der König bald darauf ins Dorf kam, und niemand wusste, dass es der König war, und als er die Leute fragte, was es Neues gebe, so antworteten sie: »Es ist in diesen Tagen ein Kind mit einer Glückshaut geboren: Was so einer unternimmt, das schlägt ihm zum Glück aus. Es ist ihm auch vorausgesagt, in seinem vierzehnten Jahre solle er die Tochter des Königs zur Frau haben.«

Der König, der ein böses Herz hatte und über die Weissagung sich ärgerte, ging zu den Eltern, tat ganz freundlich und sagte: »Ihr armen Leute, überlasst mir euer Kind, ich will es versorgen.« Anfangs weigerten sie sich; da aber der fremde Mann schweres Geld dafür bot und sie dachten: Es ist ein Glückskind, es muss doch zu seinem Besten ausschlagen, so willigten sie endlich ein und gaben ihm das Kind.

Der König legte es in eine Schachtel und ritt damit weiter, bis er zu einem tiefen Wasser kam; da warf er die Schachtel hinein und dachte: Von dem unerwarteten Freier habe ich meiner Tochter geholfen. Die Schachtel aber ging nicht unter, sondern schwamm wie ein Schiffchen und es drang auch kein Tröpfchen Wasser hinein. So schwamm sie bis zwei Meilen von des Königs Hauptstadt, wo eine Mühle war, an deren Wehr sie hängen blieb. Ein Mahlbursche, der glücklicherweise dastand und sie bemerkte, zog sie mit einem Haken heran und meinte, große Schätze zu finden, als er sie aber aufmachte, lag ein schöner Knabe darin, der ganz frisch und munter war. Er brachte ihn zu den Müllersleuten, und weil diese keine Kinder hatten, freuten sie sich und sprachen: »Gott hat es uns beschert.« Sie pflegten den Findling wohl und er wuchs in allen Tugenden heran.

Es trug sich zu, dass der König einmal bei einem Gewitter in die Mühle trat und die Müllersleute fragte, ob der große Junge ihr Sohn wäre. »Nein«, antworteten sie, »es ist ein Findling, er ist vor vierzehn Jahren in einer Schachtel ans Wehr geschwommen und der Mahlbursche hat ihn aus dem Wasser gezogen.« Da merkte der König, dass es niemand anders als das Glückskind war, das er ins Wasser geworfen hatte, und sprach: »Ihr guten Leute, könnte der Junge nicht einen Brief an die Frau Königin bringen, ich will ihm zwei Goldstücke zum Lohn geben?« »Wie der Herr König gebietet«, antworteten die Leute und hießen den Jungen sich bereithalten. Da schrieb der König einen Brief an die Königin, worin stand: »Sobald der Knabe mit diesem Schreiben angelangt ist, soll er getötet und begraben werden, und das alles soll geschehen sein, ehe ich zurückkomme.«

Der Knabe machte sich mit diesem Brief auf den Weg, verirrte sich aber und kam abends in einen großen Wald. In der Dunkelheit sah er ein kleines Licht, ging darauf zu und gelangte zu einem Häuschen. Als er hineintrat, saß eine alte Frau beim Feuer, ganz allein. Sie erschrak, als sie den Knaben erblickte und sprach: »Wo kommst du her und wo willst du hin?« »Ich komme von der Mühle«, antwortete er, »und will zur Frau Königin, der ich einen Brief bringen soll: Weil ich mich aber in dem Walde verirrt habe, so wollte ich gerne hier übernachten.« »Du armer Junge«, sprach die Frau, »du bist in ein Räuberhaus geraten, und wenn sie heimkommen, so bringen sie dich um.« »Mag kommen, wer will«, sagte der Junge, »ich fürchte mich nicht: Ich bin aber so müde, dass ich nicht weiter kann«, streckte sich auf eine Bank und schlief ein. Bald hernach kamen die Räuber und fragten zornig, was da für ein fremder Knabe läge.

»Ach«, sagte die Alte, »es ist ein unschuldiges Kind, es hat sich im Walde verirrt, und ich habe ihn aus Barmherzigkeit aufgenommen: Er soll einen Brief an die Frau Königin bringen.« Die Räuber erbrachen den Brief und lasen ihn, und es stand darin, dass der Knabe sogleich, wie er ankäme, sollte ums Leben gebracht werden. Da empfanden die hartherzigen Räuber Mitleid, und der Anführer zerriss den Brief und schrieb einen anderen, und es stand darin, sowie der Knabe ankäme, sollte er sogleich mit der Königstochter vermählt werden. Sie ließen ihn dann ruhig bis zum anderen Morgen auf der Bank liegen, und als er aufgewacht war, gaben sie ihm den Brief und zeigten ihm den rechten Weg. Die Königin aber, als sie den Brief empfangen und gelesen hatte, tat, wie darin stand, hieß ein prächtiges Hochzeitsfest anstellen, und die Königstochter ward mit dem Glückskind vermählt; und da der Jüngling schön und freundlich war, so lebte sie vergnügt und zufrieden mit ihm.

Nach einiger Zeit kam der König wieder in sein Schloss und sah, dass sich die Weissagung erfüllt und das Glückskind mit seiner Tochter vermählt war. »Wie ist das zugegangen?«, sprach er, »ich habe in meinem Brief einen ganz anderen Befehl erteilt.« Da reichte ihm die Königin den Brief und sagte, er möchte selbst sehen, was darin stände. Der König las den Brief und merkte wohl, dass er mit einem anderen war vertauscht worden. Er fragte den Jüngling, wie es mit dem anvertrauten Brief zugegangen wäre, warum er einen anderen dafür gebracht hätte. »Ich weiß von nichts«, antwortete er, »er muss mir in der Nacht vertauscht worden sein, als ich im Walde geschlafen habe.« Voll Zorn sprach der König: »So leicht soll es dir nicht werden; wer meine Tochter haben will, der muss mir aus der Hölle drei goldene Haare von dem Haupte des Teufels holen; bringst du mir, was ich verlange, so sollst du meine Tochter behalten.« Damit hoffte der König ihn auf immer los zu werden. Das Glückskind aber antwortete: »Die goldenen Haare will ich wohl holen, ich fürchte mich vor dem Teufel nicht.« Darauf nahm er Abschied und begann seine Wanderschaft.

Der Weg führte ihn zu einer großen Stadt, wo ihn der Wächter an dem Tore ausfragte, was für ein Gewerbe er verstände und was er wüsste. »Ich weiß alles«, antwortete das Glückskind. »So kannst du uns einen Gefallen tun«, sagte der Wächter, »wenn du uns sagst, warum unser Marktbrunnen, aus dem sonst Wein quoll, trocken geworden ist und nicht einmal mehr Wasser gibt.« »Das sollt ihr erfahren«, antwortete er, »wartet nur, bis ich wiederkomme.«

Da ging er weiter und kam vor eine andere Stadt, da fragte der Torwächter wiederum, was für ein Gewerbe er verstünde und was er wüsste. »Ich weiß alles«, antwortete er. »So kannst du uns einen Gefallen tun und uns sagen, warum ein Baum in unserer Stadt, der sonst goldene Äpfel trug, jetzt nicht einmal Blätter hervortreibt.« »Das sollt ihr erfahren«, antwortete er, »wartet nur, bis ich wiederkomme.« Da ging er weiter und kam an ein großes Wasser, über das er hinübermusste. Der Fährmann fragte ihn, was er für ein Gewerbe verstände und was er wüsste. »Ich weiß alles«, antwortete er. »So kannst du mir einen Gefallen tun«, sprach der Fährmann, »und mir sagen, warum ich immer hin- und herfahren muss und niemals abgelöst werde.« »Das sollst du erfahren«, antwortete er, »warte nur, bis ich wiederkomme.«

Als er über das Wasser hinüber war, so fand er den Eingang zur Hölle. Es war schwarz und rußig darin, und der

Teufel war nicht zu Haus, aber seine Ellermutter saß da in einem breiten Sorgenstuhl. »Was willst du?«, sprach sie zu ihm, sah aber gar nicht so böse aus. »Ich wollte gerne drei goldene Haare von des Teufels Kopf«, antwortete er, »sonst kann ich meine Frau nicht behalten.« »Das ist viel verlangt«, sagte sie, »wenn der Teufel heimkommt und findet dich, so geht dir's an den Kragen; aber du dauerst mich, ich will sehen, ob ich dir helfen kann.«

Sie verwandelte ihn in eine Ameise und sprach: »Kriech in meine Rockfalten, da bist du sicher.« »Ja«, antwortete er, »das ist schon gut, aber drei Dinge möchte ich gerne noch wissen, warum ein Brunnen, aus dem sonst Wein quoll, trocken geworden ist, jetzt nicht einmal mehr Wasser gibt; warum ein Baum, der sonst goldene Äpfel trug, nicht einmal mehr Laub treibt, und warum ein Fährmann immer herüber- und hinüberfahren muss und nicht abgelöst wird.« »Das sind schwere Fragen«, antwortete sie, »aber halte dich nur still und ruhig, und hab Acht, was der Teufel spricht, wann ich ihm die drei goldenen Haare ausziehe.«

Als der Abend einbrach, kam der Teufel nach Haus. Kaum war er eingetreten, so merkte er, dass die Luft nicht rein war. »Ich rieche, rieche Menschenfleisch«, sagte er, »es ist hier nicht richtig.« Dann guckte er in alle Ecken und suchte, konnte aber nichts finden. Die Ellermutter schalt ihn aus, »eben ist erst gekehrt«, sprach sie, »und alles in Ordnung gebracht, nun wirfst du mir's wieder durcheinander; immer hast du Menschenfleisch in der Nase! Setze dich nieder und iss dein Abendbrot.« Als er gegessen und getrunken hatte, war er müde, legte der Ellermutter seinen Kopf in den Schoß und sagte, sie sollte ihn ein wenig lausen. Es dauerte nicht lange, so schlummerte er ein, blies und schnarchte. Da fasste die Alte ein goldenes Haar, riss es aus und legte es neben sich. »Autsch!«, schrie der Teufel, »was hast du vor?« »Ich habe einen schweren Traum gehabt«, antwortete die Ellermutter, »da hab ich dir in die Haare gefasst.« »Was hat dir denn geträumt?«, fragte der Teufel. »Mir hat geträumt, ein Marktbrunnen, aus dem sonst Wein quoll, sei versiegt, und es habe nicht einmal Wasser daraus quellen wollen, was ist wohl schuld daran?« »He, wenn sie's wüssten!«, antwortete der Teufel, »es sitzt eine Kröte unter einem Stein im Brunnen; wenn sie die töten, so wird der Wein schon wieder fließen.« Die Ellermutter lauste ihn wieder, bis er einschlief und schnarchte, dass die Fenster zitterten. Da riss sie ihm das zweite Haar aus. »Hu! Was machst du?«, schrie der Teufel zornig. »Nimm's nicht übel«, antwortete sie, »ich habe es im Traume getan.« »Was hat dir wieder geträumt?«, fragte er. »Mir hat geträumt, in einem Königreiche ständ ein Obstbaum, der hätte sonst goldene Äpfel getragen und wollte jetzt nicht einmal Laub treiben. Was war wohl die Ursache davon?« »He, wenn sie's wüssten!«, antwortete der Teufel, »an der Wurzel nagt eine Maus; wenn sie die töten, so wird er schon wieder goldene Äpfel tragen, nagt sie aber noch länger, so verdorrt der Baum gänzlich. Aber lass mich mit deinen Träumen in Ruhe; wenn du mich noch einmal im Schlafe störst, so kriegst du eine Ohrfeige.«

Die Ellermutter sprach ihm gut zu und lauste ihn wieder, bis er eingeschlafen war und schnarchte. Da fasste sie das dritte goldene Haar und riss es ihm aus. Der Teufel fuhr in die Höhe, schrie und wollte übel mit ihr wirtschaften, aber sie besänftigte ihn nochmals und sprach: »Wer kann für böse Träume!« »Was hat dir denn geträumt?«, fragte er und war doch neugierig. »Mir hat von einem Fährmann geträumt, der sich beklagte, dass er immer hin- und herfahren müsste und nicht abgelöst würde. Was ist wohl schuld?« »He, der Dummbart!«, antwortete der Teufel, »wenn einer kommt und will überfahren, so muss er ihm die Stange in die Hand geben, dann muss der andere überfahren und er ist frei.«

Da die Ellermutter ihm die drei goldenen Haare ausgerissen hatte und die drei Fragen beantwortet waren, so ließ sie den alten Drachen in Ruhe und er schlief, bis der Tag anbrach.

Als der Teufel wieder fortgezogen war, holte die Alte die Ameise aus der Rockfalte und gab dem Glückskind die menschliche Gestalt zurück. »Da hast du die drei goldenen Haare«, sprach sie, »was der Teufel zu deinen drei Fragen gesagt hat, wirst du wohl gehört haben.« »Ja«, antwortete er, »ich habe es gehört und will's wohl behalten.« »So ist dir geholfen«, sagte sie, »und nun kannst du deiner Wege ziehen.« Er bedankte sich bei der Alten für die Hilfe in der Not, verließ die Hölle und war vergnügt, dass ihm alles so wohl geglückt war. Als er zu dem Fährmann kam, sollte er ihm die versprochene Antwort geben. »Fahr mich erst hinüber«, sprach das Glückskind, »so will ich dir sagen, wie du erlöst wirst«, und als er auf dem jenseitigen Ufer angelangt war, gab er ihm des Teufels Rat: »Wenn wieder einer kommt und will übergefahren sein, so gib ihm nur die Stange in die Hand.« Er ging weiter und kam zu der Stadt, worin der unfruchtbare Baum stand und wo der Wächter auch Antwort haben wollte. Da sagte er ihm, wie er vom Teufel gehört hatte: »Tötet die Maus, die an seiner Wurzel nagt, so wird er wieder goldene Äpfel tragen.« Da dankte ihm der Wächter und gab ihm zur Belohnung zwei mit Gold beladene Esel, die mussten ihm nachfolgen. Zuletzt kam er zu der Stadt, deren Brunnen versiegt war. Da sprach er zu dem Wächter, wie der Teufel gesprochen hatte: »Es sitzt eine Kröte im Brunnen unter einem Stein, die müsst ihr aufsuchen und töten, so wird er wieder reichlich Wein geben.« Der Wächter dankte und gab ihm ebenfalls zwei mit Gold beladene Esel.

Endlich langte das Glückskind daheim bei seiner Frau an, die sich herzlich freute, als sie ihn wiedersah und hörte, wie wohl alles gelungen war. Dem König brachte er, was er verlangt hatte, die drei goldenen Haare des Teufels, und als dieser die vier Esel mit dem Golde sah, ward er ganz vergnügt und sprach: »Nun sind alle Bedingungen erfüllt und du kannst meine Tochter behalten. Aber, lieber Schwiegersohn, sage mir doch, woher ist das viele Gold? Das sind ja gewaltige Schätze!« »Ich bin über einen Fluss gefahren«, antwortete er, »und da habe ich es mitgenommen, es liegt dort statt des Sandes am Ufer.« »Kann ich mir auch davon holen?«, sprach der König und war ganz begierig. »So viel Ihr nur wollt«, antwortete er, »es ist ein Fährmann auf dem Fluss, von dem lasst Euch überfahren, so könnt Ihr drüben Eure Säcke füllen.«

Der habsüchtige König machte sich in aller Eile auf den Weg, und als er zu dem Fluss kam, so winkte er dem Fährmann, der sollte ihn übersetzen. Der Fährmann kam und hieß ihn einsteigen, und als sie an das jenseitige Ufer kamen, gab er ihm die Ruderstange in die Hand und sprang davon. Der König aber musste von nun an fahren zur Strafe für seine Sünden. »Fährt er wohl noch?« »Was denn? Es wird ihm niemand die Stange abgenommen haben.«

∾ Brüder Grimm ∾

In diesem Märchen erscheinen uns Junge und König als Gegenspieler. Der Junge, mit der Glückshaut geboren, stellt sich voller Vertrauen dem Leben. Selbst das, was scheinbar schief geht, wendet sich letztlich zum Guten. Der König dagegen möchte keine Veränderung zulassen. Er hängt am Alten und ist unstillbar gierig nach allem, was man haben kann. Je mehr Erfolg unser Glückskind hat, umso böser reagiert der König und umso mehr Hindernisse legt er ihm in den Weg. Er erreicht damit aber nur, dass das Glückskind unbeirrbar das tut, was zu tun ist, und es ihm schließlich immer wieder glückt. Mit diesen beiden Figuren werden zwei extreme Möglichkeiten menschlichen Verhaltens aufgezeigt: Das Glückskind vertraut darauf, dass sein Leben glücken wird, und es stellt sich allen Veränderungen und Herausforderungen. Der König dagegen hält ängstlich an dem fest, was er bisher erreicht hat. Er will sich nicht dem Leben stellen und verliert schließlich alles. Die Weisheit, dass derjenige, der immer mehr haben will, letztendlich alles verliert, finden wir übrigens auch im Märchen vom »Fischer und seiner Frau«.

Der Konflikt, der durch die Figuren des Jungen und des Königs dargestellt wird, ist nicht nur ein Konflikt zwischen der Außenwelt und einem Menschen, sondern kann auch als widerstrebende Spannung in uns selbst auftreten: »Zwei Seelen wohnen ach in meiner Brust.«

Der Junge im Märchen wurde also mit einer Glückshaut geboren, folglich war er ein Glückskind. Es wurde ihm geweissagt, dass alles, was er tut, sich zu seinem Besten wenden werde. Und mit vierzehn Jahren werde er die Tochter des Königs heiraten. Da er ein Glückskind ist, werde ihm auch als späterer König alles zum Besten gelingen. Darin steckt eine Verheißung für das ganze Volk – eine Hoffnung auf eine zukünftige Wandlung und Verbesserung.

Eine Glückshaut, oder besser Glückshaube, entsteht, wenn die »Eihaut«, die das Kind vollständig umgibt, erst in letzter Minute platzt und sich dann beim Geburtsvorgang nach oben schiebt, sodass sie wie eine Haube auf dem Kopf des Kindes sitzt. Da dies nur sehr, sehr selten geschieht, wurde es so gedeutet, dass dieses Kind ein ganz besonderes Schicksal haben müsste. In Island gibt es einen alten Glauben, wonach die Lebenskraft in der Glückshaube stecke. Als guter Geist begleite diese Kraft das Kind durch sein ganzes Leben. Dem Glückskind ist das Schicksal demnach sehr günstig gewogen. Durch die Kraft des ihn begleitenden Geistes verfügt das Glückskind über eine große geistige Kraft und Intuition. Es »weiß« mehr als andere. Im Vertrauen auf sein Schicksal – sein Glück – stellt es sich mutig allen Anforderungen des Lebens; es lebt in einer glücklichen Haut. Von großer Bedeutung ist auch, dass sich die Umwelt einem »Glückskind« gegenüber eindeutig anders verhält. Da dieses Kind in allem, was es tut, Glück haben wird, braucht sich niemand Sorgen über sein Leben zu machen. Es wird nicht eingeengt und überfürsorglich beschützt. Es kann ihm ja nichts passieren. Das Kind wird mit größter Freude und positiven Erwartungen bei seiner Geburt in der Welt willkommen geheißen. Aus der Psychologie wissen wir, dass ein Kind unter diesen Bedingungen zu einem Menschen heranwächst, der sich selbst, den anderen Menschen und dem Schicksal vertraut. Es lernt von Anfang an, sich auf seine Kräfte verlassen zu können und mutig das anzupacken, was gerade getan werden muss. Kurzum, es wird ein Mensch mit einem gesunden Selbstbewusstsein werden. Dieses stabile Selbstbewusstsein zeigt sich, als der Junge völlig übermüdet im Räuberhaus ankommt. »Mag kommen, was will, ich fürchte mich nicht.« Er schläft ein: ein Zeichen großen Vertrauens. Er fürchtet sich nicht einmal vor dem Teufel. Er hat Vertrauen zu sich und seinen Möglichkeiten. Aber darf der Junge im Märchen so einfach sein Schicksal erfüllen? Der werden, der er ist? Der König verkörpert auch den Vater, der seine Wünsche erfüllt haben will und sich dem Jungen in den Weg stellt, ihm keinen Lebensraum lassen will. Unseren eigenen Weg finden wir immer nur in der Auseinandersetzung mit den Wünschen der Eltern und der Umwelt. Den Jungen zeichnet besonders aus, dass er sich seinem Schicksal stellt, auch den schwierigen Situationen. Er weicht nicht aus, sondern nimmt an, was ihm begegnet, ohne zu flüchten. Dieses Annehmen des Schicksals im Vertrauen, dass alles einen Sinn hat und gut geht, ist der eigentliche Ausdruck dafür, dass dieser Junge ein Glückskind ist. Und so gesehen, könnten wir das alle sein.

Wenn da nicht diese Sehnsucht wäre, ein anderes Leben zu haben. Haben Sie nicht auch schon einmal jemanden sagen hören: »Wenn ich andere Eltern gehabt hätte, wäre mein Leben ganz anders verlaufen!« oder »Ich bin in einer sehr schweren Zeit aufgewachsen, sonst wäre ich ein ganz anderer geworden«?

Diese Aussagen zeigen, dass die Betreffenden ihr Schicksal eben nicht angenommen haben, sondern es ablehnen. Wenn wir uns mit unserem Schicksal nicht versöhnen, können wir nicht glücklich werden und uns auch nicht verändern und wandeln.

Es reicht allerdings nicht, dass die Weissagung ausgesprochen wird und es sich dann damit hat. Die Weissagung, dass dieses Kind ein Glückskind ist, wird im Märchen immer wieder hart auf die Probe gestellt und geprüft. An den Herausforderungen muss sich zeigen, ob dieses Kind wirklich etwas Besonderes ist.

Unser Glückskind ist gerade auf der Welt und schon taucht der erste Missgünstige auf: der böse König. Als der König erfährt, dass diesem Kind verheißen wurde, einmal seine Tochter zu heiraten, will er den Jungen beseitigen. Er fühlt sich bedroht, denn das würde ja auch bedeuten, dass der Junge ihn einmal als König ablösen wird. Der König gleicht Herodes, der erschrak, als er hörte, dass Jesus der neue König der Juden sei. Er tat alles, um dieses Kind zu töten. Der König in unserem Märchen kann niemanden neben sich gelten lassen, er gönnt niemand anderem Glück und stellt sich in diesem Fall gegen den Rhythmus des Lebens, gegen das Gesetz von Aufgehen und Niedergehen. Diese Haltung zeigt sich häufig in unserer Gesellschaft. Und zwar immer dann, wenn eine neue Idee geboren wird, die Veränderung zum Besseren bringen könnte, aber von Unternehmen, Geschäftsleuten oder Verbänden verhindert wird, weil sie um ihre »alte« Macht fürchten. Wir kennen diese Spannung zwischen Junge und König aber auch von uns selbst. Oft sind wir gar nicht bereit, uns auf etwas Neues einzustellen, Veränderungen, Erneuerungen anzunehmen und uns zu wandeln. Das gute Gefühl einer neuen Hoffnung weicht der Furcht vor Risiken und wir ziehen uns wieder in unsere alten Verhaltensweisen zurück. Auch wenn wir dann stagnieren – sie sind uns vertraut und geben uns scheinbar Sicherheit. Auch der König will keine Erneuerungen und damit stellt er sich der Fortentwicklung des Lebens in den Weg. Mit dieser Haltung würgt man aber das Leben ab. Die Folge ist, dass ein Mensch krank und depressiv wird und sich nicht mehr lebendig dem Leben verbunden fühlt.

Der König kauft den Eltern unter dem Vorwand, für das Kind sorgen zu wollen, den Jungen ab. Obwohl die Eltern lange zögern, willigen sie schließlich ein. Sie vertrauen dem Schutz durch das geweissagte Schicksal und entlassen das Kind aus ihrem persönlichen Schutz, um es unter den Schutz eines größeren Lebensgesetzes zu stellen. Der König vertritt die Einstellung, dass menschliches Handeln stärker ist als alles Gesetzmäßige des Lebens, und stellt sich dem vorhergesagten Schicksal unseres Glückskindes eigenmächtig entgegen.

Der König legt das Kind in eine Schachtel und wirft sie ins Wasser. Der Junge ist jetzt vollkommen einsam und verlassen und seinem weiteren Schicksal überlassen. Aber die Schachtel erweist sich als Schutz und transportiert das Kind zu Müllersleuten, die sich schon immer ein Kind gewünscht haben und es als Geschenk Gottes betrachten. Wieder wird das Kind voller Freude aufgenommen. Das Neue, das der Junge auch symbolisiert, wächst nun still und friedlich in der Mühle auf. Auf diese Weise wachsen auch Einstellungen, Lebenshaltungen und neue Geistesströmungen heran, selbst wenn wir das Neue »aus den Augen verloren« haben, so wie der König das Glückskind.

Als die Zeit gekommen ist, dass sich unser Glückskind erneut mit dem König auseinander setzen muss, nämlich an seinem vierzehnten Geburtstag, taucht der König zufällig in der Mühle auf. Er gibt seinen Plan, ihn zu töten, noch nicht auf, aber er will es nicht selbst tun. Er schickt den Jungen mit einem Brief in die unmittelbare Umgebung der Königin und seiner Tochter. Dadurch ermöglicht er geradezu erst die Erfüllung der Weissagung, obwohl er sie dadurch verhindern will. Psychologisch gedeutet könnte das bedeuten, dass er einer Veränderung nicht vollständig ablehnend gegenüber eingestellt ist und unbewusst spürt, dass es Zeit ist für etwas Neues, auch wenn er es nach außen hin ablehnt und nicht wahrhaben will.

Aber der Junge fällt erst in die Hände der Räuber. Räuber sind ein Symbol für Gier. Sie wollen alles haben, ohne dafür etwas zu leisten. Anstelle von ehrlicher Arbeit setzen sie List, Tücke und Brutalität ein. Sie verkörpern aber auch die aggressiven Kräfte, sowohl auf eine Gesellschaft bezogen wie auch auf ein Individuum. Sie haben sich in den Wald zurückgezogen und überfallen von dort aus immer wieder einmal das Land. Um Veränderungen und Neuerungen einzuführen, bedarf es aggressiver Kräfte, nicht aber destruktiver. Wenn wir unsere Aggressionen ins Unterbewusstsein (Wald) abdrängen, entwickeln sie sich sehr leicht zu destruktiven Kräften: eben zu »Räubern«. Im Verborgenen können sie sich gut verstecken, und wenn sie uns gelegentlich überfallen, werden wir mit ihnen meist nicht fertig.

Wir könnten sagen, der König repräsentiert einen Menschen, der erstarrt ist und sich weigert, sein Leben schöpferisch zu verändern. Seine Kräfte sind ausschließlich auf das Erhalten ausgerichtet. Wir wissen alle, dass diese Haltung erfolglos bleiben muss, denn sie steht im Widerspruch zum Gesetz des Lebens: Alles ist im Fluss und alles verändert sich. Diese Haltung des Königs ist fast schon ein Raub am Leben. Menschen mit dieser Haltung stehen jungen, lebendigen Menschen mit viel Kreativität und neuen Ideen besonders destruktiv gegenüber, weil sie sich durch sie bedroht fühlen. Sicherlich spielen auch unbewusste Neidgefühle dabei eine Rolle, denn irgendwie ahnen sie doch, dass sie nicht wirklich am Leben teilnehmen.

Der Junge sagt im Räuberhaus: »Ich fürchte mich nicht, aber ich bin so müde, dass ich nicht mehr weiterkann.« Und dann schläft er ein. Das zeigt nicht nur, dass er sich wirklich nicht fürchtet, sondern auch, dass er genau seine Grenzen kennt. Mehr kann er sich nicht mehr zumuten. Gleichgültig, was nun passiert, im Augenblick hat er zu schlafen. Er hat Vertrauen in das Schicksal und zeigt eine große Gelassenheit angesichts der Bedrohung durch die Räuber. Im Schlaf kann er wieder zu Kräften kommen, und während er schläft, geschieht etwas Wesentliches: Die Räuber tauschen die Briefe aus und werden somit zu Gegenspielern des Königs und zu heimlichen Helfern des Jungen. Die abgedrängten Symbole der Aggression solidarisieren sich mit unserem Glückskind. Psychologisch könnte man es so ausdrücken, dass der Junge sich mit seinen unterdrückten Schattenseiten auseinander setzt. Seine eigene Aggression wird jetzt gegen den König mobilisiert. Die Räuber in ihm – die Seiten, die auch etwas vom Leben haben wollen – sind misstrauisch gegenüber dem, was im Brief steht. In gewisser Weise rauben sie das Leben zurück, das der König ihm abnehmen wollte. Diese Entschlossenheit auf sein Recht auf Leben und Glück wächst unbewusst heran, symbolisiert als Schlaf. Im übertragenen Sinn bedeutet diese Situation also, dass sich der Mensch auf sich selbst besinnt und in Kontakt tritt mit der Natur außen und mit sich selbst im Inneren, eventuell mithilfe seiner Träume. Auf diese Weise entwickelt er eine neue Sicht der Dinge, denn vorher hatte er sich ja verirrt und seinen Weg verloren.

Ein Teil der Weissagung erfüllt sich also: Unser Glückskind wird mit der Tochter des Königs verheiratet. Damit erhält es die Chance, später König zu werden. Das Märchen sagt uns auch, dass die Kräfte des Jenseits sich auch gegen die Kräfte im Diesseits durchsetzen, ja sogar, dass gerade der Widerstand der Diesseitigen das Schicksal erst zum Tragen kommen lässt, vorausgesetzt wir haben uns das Vertrauen in unser Schicksal oder unser Glück bewahrt. Unser Glückskind ist dafür ein wunderbares Beispiel und von seiner Geschichte können alle lernen, auf ihr eigenes Schicksal ebenfalls zu vertrauen.

Aber der König gibt nicht auf. Er kommt zurück und damit die Kraft, die das Glückskind zerstören will, um zu verhindern, dass etwas Neues geschieht. Das Glückskind wird zum Teufel geschickt.

Das Glückskind soll fast übernatürliche Aufgaben lösen. Dies symbolisiert den Weg zur Erkenntnis, den Weg nach innen, um Wissen zu erlangen, damit Probleme gelöst werden können. Bei dieser Auseinandersetzung mit der »Tiefe« antwortet ihm die Tiefe ebenso, wie sie ihn trägt. Er ist wieder bereit, die Aufgabe zu erfüllen und das Risiko auf sich zu nehmen. Er geht zur Hölle, aber selbst beim Teufel lassen sich immerhin drei goldene Haare finden. Gold hatte einen sehr hohen Wert. Es war Symbol für Dauer und Ewigkeit und gleichzeitig auch für das Leuchten von Sonne, Mond und Sternen, also vom Kosmischen. Lichtquellen stehen aber auch für die Erkenntnis- und Erleuchtungssymbolik. Für einen Märchenhelden, der mit Gold zu tun hat, erschließt sich eine neue Erkenntnis. Er wird etwas Neues in das Leben hereinholen. Wenn man davon ausgeht, dass der Teufel der gefallene Engel Luzifer ist, dann ist er immer noch ein Licht- und Erkenntnisträger. Die Botschaft könnte auch sein: In allem Verteufelten findet sich immer noch ein wenig Gold – also etwas Gutes. Durch die Metapher »zum Teufel geschickt« wird deutlich, dass der Weg für das Glückskind durchaus nicht leicht und angenehm ist. Unterwegs werden verschiedene Probleme an ihn herangetragen. Das heißt, Probleme werden zugegeben, formuliert, und es wird versprochen, sie bald zu lösen. Das Glückskind wird herausgefordert, es wird mit Aufgaben überschüttet, und viele versuchen, auch etwas von seinem

Glück – seinen Fähigkeiten – abzubekommen. Mit der Beschreibung seines Weges zur Hölle wird deutlich, dass sich eine Wandlung anbahnt. Etwas Neues beginnt zu wachsen. In den Torwärtern begegnen ihm männliche Figuren, die ihn nicht mehr als Kind betrachten, sondern als einen Erwachsenen, der helfen kann.

Wenn ein vertrockneter Brunnen als Bild eingesetzt wird, ist damit das Austrocknen der Seele gemeint. Die Beschreibung von Wasser in allen möglichen Formen ist ein Sinnbild für unser seelisches Befinden. Es gibt eine übersprudelnde Fröhlichkeit oder eben ein Gefühl des Ausgetrocknetseins. Bei den alten Germanen waren Quellen und Brunnen Sinnbilder für die Eingänge zur Unterwelt. Das heißt, sie waren eine Verbindung vom Diesseits zum Jenseits. Man glaubte, dass Energie, Kraft, Reichtum, Liebe von der jenseitigen Welt herüber in das Diesseits flossen. Und solange die Menschen in Beziehung zu dieser jenseitigen Welt stehen, solange sie wissen, dass sie nicht nur vom Brot allein leben, sondern sowohl zu einer materiellen als auch zu einer spirituellen oder geistigen Welt gehören, so lange floss dieses »Wasser des Lebens« und sorgte für ein zufriedenes, glückliches und erfülltes Leben der Menschen. Wenn die Menschen ihren Ursprung aus der geistigen Welt vergaßen, vertrockneten die Brunnen.

In der Stadt, durch die unser Glückskind nun kommt, strömt gar nichts mehr. Hier floss einst sogar Wein aus dem Brunnen. Die Wandlung von Wasser in Wein ist ein uraltes Motiv und kommt in vielen Kulturen und alten Schriften vor. Wer von dieser Quelle trinkt, stellt sich in Beziehung zum Geist des Weingotts. Er gewinnt an Inspiration und seherischer Fähigkeit für den Blick in die Zukunft. Wer in Beziehung zu diesem Gott tritt, für den wird nüchternes Wasser zu belebendem Wein. Dadurch soll eine Qualität des Außergewöhnlichen versinnbildlicht werden. Leben, das sich dem Jenseitigen verbunden weiß, bekommt eine höhere, erfülltere Lebensqualität. In dieser Stadt nun ist das Leben vertrocknet. Unter der Herrschaft des gierigen, bösen Königs sind die übersprudelnde, inspirierende Lebensfreude und -kraft verloren gegangen. Deshalb ist es wichtig zu erfahren, weshalb kein Wein – ja nicht einmal Wasser – fließt, um dringend Abhilfe zu schaffen.

In der nächsten Stadt gibt es einen Apfelbaum, der goldene Äpfel trug. Jetzt trägt er nicht einmal mehr Blätter. Die goldenen Äpfel sind ein Symbol der Unsterblichkeit in Verbindung mit Liebe und Fruchtbarkeit. Der Baum ist ein bedeutendes Symbol, das den Menschen versinnbildlicht. Er steht aufrecht, wächst heran, blüht auf, trägt Früchte, verliert sie und vergeht – wie der Mensch. Er lebt ebenfalls im Rhythmus der Jahreszeiten, er wurzelt in der Erde und strebt zum Himmel. Er verbindet also Unterirdisches und Überirdisches. Der Baum symbolisiert auch die Aufgabe des Menschen. In den Jahresrhythmus eingebunden, in dauernder Wandlung, soll er seinen Urgrund mit dem Himmlischen verbinden. Dieses Wachsen ist nun in unserem Märchen unmöglich geworden. Die Erstarrung ist eingetreten und wird ebenfalls von unserem Glückskind als Problem mit auf den Weg genommen. Eine schnelle Antwort gibt es auch darauf nicht, sondern das Problem muss gut durchdacht werden.

Unser Held kommt an ein großes Wasser. Dieses Wasser trennt symbolhaft unsere bekannte irdische Welt von der unbekannten geistigen Welt. Das Glückskind muss also bis an die Grenzen der bekannten Welt gehen und dann den Mut finden, in das Unbekannte vorzustoßen, um seine Aufgaben erfüllen zu können. Der Fährmann vermittelt zwischen den beiden Welten. Psychologisch gedeutet können diese beiden Welten auch das Bewusste und die unbewussten Schattenseiten in jedem einzelnen Menschen sein. Der Fährmann vermittelt zwar ständig, aber er hat auch ein Problem: Er möchte auch gern einmal in eine andere Lebenssituation kommen, denn obwohl er ständig in der jenseitigen und diesseitigen Welt landet, kann er nichts wirklich Verbindendes in diese Welt der Lebenden hinüberbringen. Er ist wie ein Mensch, der spürt, dass er an der Schwelle von Möglichkeiten steht, der aber in diesem Zustand bleibt und nichts konkret formulieren kann. Er erschöpft sich in diesem ewigen Hin und Her.

Die Probleme, die das Märchen mit seinen Bildern vor uns ausbreitet, können sowohl individuell wie auch kollektiv interpretiert werden. Das heißt, sie können im Lebensweg eines einzelnen Menschen genauso vorkommen wie in einer Gesellschaft oder Kultur.

Das Märchen sagt uns, dass das Leben in einer Situation gefangen ist, die von Neid und Zerstörung geprägt ist. Verzweifelt wird versucht am Alten festzuhalten, die Güter des Lebens werden geraubt, wenn sie nicht freiwillig gegeben werden. Die Fähigkeit, sich mit dem Göttlichen zu verbinden, ist verloren gegangen, ebenso das Wissen um die Zukunft und das Schicksalhafte. Diese Situation kann die Lebensstimmung einer ganzen Zeitspanne ausdrücken, ja einer gesamten Gesellschaft. Sie kann aber auch Sinnbild für eine persönliche Problematik sein. Die Verbindung mit dem Abgegrenzten in uns bleibt zwar erhalten und wird durch den Fährmann symbolisiert, sie bringt aber nichts wirkliches Neues in unser Leben. Sie ist eher wie ein ständiger Versuch, denn wir spüren, da muss es noch etwas anderes geben. Unser Glückskind, das mehr als andere Menschen mit der jenseitigen Welt in Verbindung geblieben ist und grenzenloses Vertrauen besitzt, kann diese Probleme nun angehen.

Der Besuch der Hölle kann als Erlebnis von Tod und Wiedergeburt aufgefasst werden. Und zwar in dem Sinne, dass das alte Leben unlebbar geworden war, und auf der langen Suche, bei der sich seine Probleme gezeigt haben, war es nötig, in die Unterwelt einzutauchen, um die Rätsel zu lösen und damit das Leben und die Lebendigkeit zurückzuerobern. Die Verwandlung in eine Ameise ist auch nicht zufällig. Die Ameise ist klein, unscheinbar. Verfügte unser Held vorher noch über grenzenloses

Selbstbewusstsein – »Ich weiß alles« –, so wird er jetzt bescheiden und bittet um Hilfe. Er macht sich jetzt nicht mehr groß, zeigt aber im Sinnbild der Ameise, welche Eigenschaften ihn auszeichnen. Nämlich Fleiß, Voraussicht und Sinn für die Gemeinschaft.

Als das Glückskind, als Ameise verwandelt, in der Rockfalte der Frau sitzt, übernimmt die Ellermutter die Regie. Unser Held muss nur genau hinhorchen. Wenn wir große Probleme haben, müssen wir auch zunächst ganz genau in uns hineinhorchen. Welche Bilder und Antworten tauchen aus unseren Träumen und Phantasien auf? Die aktive Realisierung kann erst später erfolgen.

Die Ellermutter reißt dem Teufel die drei goldenen Haare heraus. Sie entreißt ihm zugleich drei Geheimnisse – drei Weisheiten –, die sehr wesentlich sind, denn sie sind aus Gold, also er-leuchtend. Indem sie behauptet, die Fragen seien Träume, erhalten wir einen wichtigen Hinweis. Die Fragen könnten geträumt sein und ebenso die Antworten, denn sie sind Bilder, wie wir sie auch aus unseren Träumen kennen. Und sie sind wertvoll wie Gold. Sie schenken uns Erleuchtung und sagen uns, wie wir das Problem lösen können. Aus der eigenen Seele leuchtet die Einsicht auf und schenkt die Kraft für die Verwandlung des Lebens.

Unser Held erhält nun die drei goldenen Haare, kennt die Antworten auf seine Fragen, bedankt sich für die Hilfe und tritt den Rückweg an. Nun ist er nicht mehr nur das Glückskind, das ohne sein Zutun in das Glück stolpert, jetzt hat er etwas für sein Glück getan und ist zufrieden und fröhlich darüber. Das, was vorher selbstverständlich war, aber unbewusst, ist nun bewusst und wach in ihm und er kann sich freuen. Er ist die Durststrecke seines Lebens unbeirrt weitergegangen, immer im geheimen Wissen um sein letztliches Glück. Er hat Ratlosigkeit und Unlebendigkeit ausgehalten, dann aber erlebt, wie die Erlösung ihm neue Belebung und neue Kenntnisse schenkte.

Unser Glückskind ist auch klug. Es gibt dem Fährmann die Antwort erst, als es schon übergesetzt ist. Damit verhindert es, dass es selbst im ewigen Hin und Her zwischen den beiden Welten treiben muss. Sein Auftrag ist, das Erfahrene in das Leben hineinzubringen, um dadurch die Wandlung zu vollziehen.

In der Stadt mit dem unfruchtbaren Baum überbringt er nun die Botschaft, dass die Maus, die an den Wurzeln nage, getötet werden müsse. Da, wo sich der Lebensbaum mit der Erde berührt, nage ein gefräßiges Tier, das darüber hinaus bekannt dafür ist, dass es sich rasend schnell vermehrt. Wir kennen auch die Formulierung »Es nagt etwas an uns«. Etwas, das mit Leben und Liebe zu tun hat, ist abgedrängt worden in die Tiefe. Dort lebt es aber nicht in einer fruchtbaren Form (goldene Äpfel) weiter, sondern wirkt zerstörerisch. Wir wollen die Liebe nicht wirklich zulassen. Deshalb muss dieses Nagen in uns abgetötet werden.

In der zweiten Stadt sitzt eine Kröte im Brunnen, sodass weder Wein noch Wasser fließen. Die Kröte galt in vielen Kulturen, schon vor langer Zeit, als Symbol des Versinkens in der Finsternis und in der Hölle. Sie stellt also eine Kraft dar, die unsere Auferstehung und Neuwerdung blockiert. Erst wenn sie getötet ist, können wir uns wieder neu auf das Leben einlassen, auf unsere Gefühle, unsere Ergriffenheit. Der Wein kann dann wieder fließen. Ein Grund, weshalb wir oft so »blockiert« sind, ist sicher auch der, dass wir Angst vor unseren uns vielleicht überwältigenden Emotionen haben. Sie schwemmen uns manchmal direkt fort, und es ist nicht einfach, Kontrolle über sie zu bewahren. Wenn wir sie allerdings verdrängen und versuchen, »unterkühlt«, aber »sicher« weiterzuleben, so trennen wir uns vom Fluss des Lebendigen ab. Das Glückskind bringt nun das Leben in sich zurück. Der Reichtum, der als Lebensfülle erlebt wird, wird durch die mit Gold beladenen Esel ausgedrückt. Das Glück wird also auch sichtbar, das heißt, es wurden nicht nur eigene Werte zurückgewonnen, sondern auch handfeste, menschliche, triebhafte – eine neue Beziehung zum Körperlichen wurde gefunden.

Der König möchte ebenfalls den Reichtum seines Schwiegersohnes haben und bleibt also weiterhin gierig. Er will nicht abtreten, sondern noch reicher werden. Wir kennen dieses Verhalten auch von uns selbst. Wenn wir eine neue Erfahrung gemacht haben, die uns eigentlich davon überzeugen müsste, unser Leben umzukrempeln, dann fällt uns das oft sehr, sehr schwer. Wie oft neigen wir dann nicht dazu, das alte, eingefahrene Leben einfach weiterzuführen und gleichzeitig zu versuchen, das Neue auch noch mitzunehmen. Die Veränderung der Lebenseinstellung ist aber nur möglich, wenn dieser gierige, veränderungsunwillige König »abgesetzt« wird. Die Figur des Königs, als Sinnbild in der Seele des Glückskindes verstanden, bedeutet, dass es selber von einer großen Gier beherrscht wird und in Gefahr schwebt, dadurch von seinem Lebensglück weggeführt zu werden. Der König wird nun auch auf den Weg geschickt, und wir wissen, dass er ab jetzt zwischen den beiden Welten hin- und herpendeln wird.

Die Weissagung hat sich für das Glückskind erfüllt. Ein lebendiges, glückliches, »reiches« Leben ist möglich geworden. Das, was zuvor dieses lebendige Leben verhindern wollte, verkörpert durch den König, kann nicht einfach ausgelöscht werden. Diese Haltung wird immer präsent sein, aber sie ist jetzt so verändert, dass sie nicht mehr destruktiv wirkt und das Leben stört. Habgier, Neid und der Versuch, alles beim Alten zu lassen und nichts Neues in unser Leben hineinwachsen zu lassen, werden uns immer begleiten und als Feinde des Neuen in unserer Psyche erlebbar sein.

Das Märchen zeigt uns, dass die Kräfte des Todes stark sind, aber sie sind nicht stärker als die des Lebens. Wichtig ist, dass wir unser Schicksal annehmen, dass wir wissen, dass jeder sein eigenes Schicksal hat, das sich erfüllen muss, gleichgültig wie leicht oder wie schwer es erscheint. Wenn wir es wirklich leben, das Problem, das es birgt, annehmen und lösen, dann hat es sich erfüllt und wir sind Glückskinder. Voraussetzung dafür ist, dass wir sehr genau »hinhören«, um unseren Weg kennen zu lernen. Unser Glückskind öffnet sich den Weisungen und nimmt das Risiko seines gefährlichen Weges ohne zu zaudern auf sich. Es hat Vertrauen zum Leben, denn es bleibt mit seinem Urgrund verbunden. Vielleicht sind wir ja alle Glückskinder und wollen es nur nicht wahrhaben, damit wir diesen mühevollen Weg nicht gehen müssen.

Lebenslust statt Lebenslast

Wer wäre nicht auch gern ein Hans im Glück? »So glücklich wie ich gibt es keinen Menschen unter der Sonne«, ruft Hans am Ende der im Märchen beschriebenen Wanderung. Aber wie kam er zu diesem Glück? Oder war er gar nur der einfältige Trottel, wie es vordergründig betrachtet scheint, der sich von allen seinen Tauschpartnern hat reinlegen lassen? Am Ende der Geschichte hat Hans von seinem Klumpen Gold nichts mehr übrig, aber er war auch völlig frei von aller Last. Ist das nicht auch Glück? Wir kennen alle die Redewendung: »Zum Glück bin ich diese Last los.« Und genau das hat der Hans geschafft. So einfach ist das Loslassen aber gar nicht. Das wissen wir alle. Eine Botschaft des Märchens könnte lauten: »Prüfe mit dem Herzen, was die Dinge wert sind«, oder: »Gib, was du hast, weiter.«

∾ Hans im Glück ∾

Hans hatte sieben Jahre bei seinem Herrn gedient, da sprach er zu ihm: »Herr, meine Zeit ist herum, nun wollte ich gerne wieder heim zu meiner Mutter, gebt mir meinen Lohn.« Der Herr antwortete: »Du hast mir treu und ehrlich gedient; wie der Dienst war, so soll der Lohn sein«, und gab ihm ein Stück Gold, das so groß wie Hansens Kopf war. Hans zog sein Tüchlein aus der Tasche, wickelte den Klumpen hinein, setzte ihn auf die Schulter und machte sich auf den Weg nach Haus. Wie er so dahinging und immer ein Bein vor das andere setzte, kam ihm ein Reiter in die Augen, der frisch und fröhlich auf einem munteren Pferd vorbeitrabte. »Ach«, sprach Hans ganz laut, »was ist das Reiten ein schönes Ding! Da sitzt einer wie auf einem Stuhl, stößt sich an keinem Stein, spart die Schuh und kommt fort, er weiß nicht wie.« Der Reiter, der das gehört hatte, hielt an und rief: »Ei, Hans, warum läufst du auch zu Fuß?« »Ich muss ja wohl«, antwortete er, »da habe ich einen Klumpen heimzutragen. Es ist zwar Gold, aber ich kann den Kopf dabei nicht geradhalten, auch drückt mir's auf die Schulter.« »Weißt du was«, sagte der Reiter, »wir wollen tauschen, ich gebe dir mein Pferd und du gibst mir deinen Klumpen.« »Von Herzen gern«, sprach Hans, »aber ich sage Euch, Ihr müsst Euch damit schleppen.« Der Reiter stieg ab, nahm das Gold und half dem Hans hinauf, gab ihm die Zügel fest in die Hände und sprach: »Wenn's nun recht geschwind soll gehen, so musst du mit der Zunge schnalzen und ›Hopp hopp!‹ rufen.«

Hans war seelenfroh, als er auf dem Pferde saß und so frank und frei dahinritt. Über ein Weilchen fiel's ihm ein, es sollte noch schneller gehen, und er fing an, mit der Zunge zu schnalzen und »Hopp hopp!« zu rufen. Das

Pferd setzte sich in starken Trab, und ehe sich's Hans versah, war er abgeworfen und lag in einem Graben, der die Äcker von der Landstraße trennte. Das Pferd wäre auch durchgegangen, wenn es nicht ein Bauer aufgehalten hätte, der des Weges kam und eine Kuh vor sich hertrieb. Hans suchte seine Glieder zusammen und machte sich wieder auf die Beine. Er war aber verdrießlich und sprach zu dem Bauer: »Es ist ein schlechter Spaß, das Reiten, zumal, wenn man auf so eine Mähre gerät wie diese, ich setze mich nun und nimmermehr wieder auf. Da lob ich mir Eure Kuh, da kann einer mit Gemächlichkeit hinterhergehen und hat obendrein seine Milch, Butter und Käse jeden Tag gewiss. Was gäb ich darum, wenn ich so eine Kuh hätte!« »Nun«, sprach der Bauer, »geschieht Euch so ein großer Gefallen, so will ich Euch wohl die Kuh für das Pferd vertauschen.« Hans willigte mit tausend Freuden ein, der Bauer schwang sich aufs Pferd und ritt eilig davon.

Hans trieb seine Kuh ruhig vor sich her und bedachte den glücklichen Handel. »Hab ich nur ein Stück Brot, und daran wird mir's doch nicht fehlen, so kann ich, so oft mir's beliebt, Butter und Käse dazu essen; hab ich Durst, so melk ich meine Kuh und trinke Milch. Herz, was verlangst du mehr?« Als er zu einem Wirtshaus kam, machte er halt, aß in der großen Freude alles, was er bei sich hatte, sein Mittags- und Abendbrot, rein auf und ließ sich für seine letzten paar Heller ein halbes Glas Bier einschenken. Dann trieb er seine Kuh weiter, immer nach dem Dorfe seiner Mutter zu. Die Hitze ward drückender, je näher der Mittag kam, und Hans befand sich in einer Heide, die wohl noch eine Stunde dauerte. Da ward es ihm ganz heiß, sodass ihm vor Durst die Zunge am Gaumen klebte. Dem Ding ist zu helfen, dachte Hans, jetzt will ich meine Kuh melken und mich an der Milch laben.

Er band sic an einen dürren Baum, und da er keinen Eimer hatte, so stellte er seine Ledermütze unter, aber wie er sich auch bemühte, es kam kein Tropfen Milch zum Vorschein. Und weil er sich ungeschickt dabei anstellte, so gab ihm das ungeduldige Tier endlich mit einem der Hinterfüße einen solchen Schlag vor den Kopf, dass er zu Boden taumelte und eine Zeit lang sich gar nicht besinnen konnte, wo er war. Glücklicherweise kam gerade ein Metzger des Weges, der auf einem Schubkarren ein junges Schwein liegen hatte. »Was sind das für Streiche!«, rief er und half dem guten Hans auf. Hans erzählte, was vorgefallen war. Der Metzger reichte ihm seine Flasche und sprach: »Da, trinkt einmal und erholt Euch. Die Kuh will wohl keine Milch geben, das ist ein altes Tier, das höchstens noch zum Ziehen taugt oder zum Schlachten.« »Ei, ei«, sprach Hans und strich sich die Haare über den Kopf, »wer hätte das gedacht! Es ist freilich gut, wenn man so ein Tier im Haus abschlachten kann, was gibt's für Fleisch! Aber ich mache mir aus dem Kuhfleisch nicht viel, es ist mir nicht saftig genug. Ja, wer so ein junges Schwein hätte! Das schmeckt anders, dabei noch die Würste.« »Hört, Hans«, sprach der Metzger, »Euch zuliebe will ich tauschen und will Euch das Schwein für die Kuh lassen.« »Gott lohn euch Eure Freundschaft«, sprach Hans, übergab ihm die Kuh, ließ sich das Schweinchen losmachen und den Strick in die Hand geben.

Hans zog weiter und überdachte, wie ihm doch alles nach Wunsch ginge; begegnete ihm eine Verdrießlichkeit, so würde sie doch gleich wieder gutgemacht. Es gesellte sich danach ein Bursch zu ihm, der trug eine schöne weiße Gans unter dem Arm. Sie boten einander die Zeit, und Hans fing an, von seinem Glück zu erzählen und wie er immer so vorteilhaft getauscht hätte. Der Bursch erzählte ihm, dass er die Gans zu einem Kindtaufschmaus brächte.

»Hebt einmal«, fuhr er fort und packte sie bei den Flügeln, »wie schwer sie ist, die ist aber auch acht Wochen lang genudelt worden. Wer in den Braten beißt, muss sich das Fett von beiden Seiten abwischen.« »Ja«, sprach Hans und wog sie mit der einen Hand, »die hat ihr Gewicht, aber ein Schwein ist auch keine Sau.« Indessen sah sich der Bursch nach allen Seiten ganz bedenklich um, schüttelte auch wohl mit dem Kopf. »Hört«, fing er darauf an, »mit Eurem Schweine mag's nicht ganz richtig sein. In dem Dorfe, durch das ich gekommen bin, ist eben dem Schulzen eins aus dem Stalle gestohlen worden. Ich fürchte, ich fürchte, Ihr habt's da in der Hand. Sie haben Leute ausgeschickt, und es wäre ein schlimmer Handel, wenn sie Euch mit dem Schwein erwischten. Das Geringste ist, dass Ihr ins finstere Loch gesteckt werdet.« Dem guten Hans ward bang: »Ach Gott«, sprach er, »helft mir aus der Not, Ihr wisst hierherum bessern Bescheid, nehmt mein Schwein da und lasst mir Eure Gans.« »Ich muss schon etwas aufs Spiel setzen«, antwortete der Bursche, »aber ich will doch nicht schuld sein, dass Ihr ins Unglück geratet.« Er nahm also das Seil in die Hand und trieb das Schwein schnell auf einen Seitenweg fort, der gute Hans aber ging, seiner Sorgen entledigt, mit der Gans unter dem Arme der Heimat zu.

»Wenn ich's recht überlege«, sprach er mit sich selbst, »habe ich noch Vorteil bei dem Tausch: erstlich den guten Braten, hernach die Menge von Fett, die herausträufeln wird, das gibt Gänsefettbrot auf ein Vierteljahr, und endlich die schönen, weißen Federn, die lass ich mir in mein Kopfkissen stopfen, und darauf will ich wohl ungewiegt einschlafen.«

Als er durch das letzte Dorf gekommen war, stand da ein Scherenschleifer mit seinem Karren, sein Rad schnurrte und er sang dazu:

»Ich schleife die Schere und drehe geschwind
und hänge mein Mäntelchen nach dem Wind.«

Hans blieb stehen, sah ihm zu und sagte: »Euch geht's
wohl, weil Ihr so lustig bei Eurem Schleifen seid.« »Ja«,
antwortete der Scherenschleifer, »das Handwerk hat einen güldenen Boden. Ein rechter Schleifer findet, so oft
er in die Tasche greift, auch Geld darin. Aber wo habt
Ihr die schöne Gans gekauft?« »Die hab ich nicht gekauft, sondern für mein Schwein eingetauscht.« »Und
das Schwein?« »Das hab ich für eine Kuh gekriegt.« »Und
die Kuh?« »Die hab ich für ein Pferd bekommen.« »Und
das Pferd?« »Dafür hab ich einen Klumpen Gold, so groß
wie mein Kopf, gegeben.« »Und das Gold?« »Ei, das war
mein Lohn für sieben Jahre Dienst.« »Ihr habt Euch jederzeit zu helfen gewusst«, sprach der Schleifer, »könnt
Ihr's nun dahin bringen, dass Ihr das Geld in der Tasche
springen hört, wenn Ihr aufsteht, so habt Ihr euer Glück
gemacht.« »Wie soll ich das anfangen?«, sprach Hans.
»Ihr müsst ein Schleifer werden wie ich; dazu gehört eigentlich nichts als ein Wetzstein, das andere findet sich
schon von selbst. Da hab ich einen, der ist zwar ein wenig schadhaft, dafür sollt Ihr mir aber auch weiter nichts
als Eure Gans geben; wollt Ihr das?« »Wie könnt Ihr
noch fragen?«, antwortete Hans, »ich werde ja zum
glücklichsten Menschen auf Erden; habe ich Geld, so oft
ich in die Tasche greife, was brauche ich da länger zu
sorgen?« Er reichte ihm die Gans hin und nahm den
Wetzstein in Empfang. »Nun«, sprach der Schleifer und
hob einen gewöhnlichen schweren Feldstein, der neben
ihm lag, auf, »da habt Ihr noch einen tüchtigen Stein dazu, auf dem sich's gut schlagen lässt und Ihr Eure alten
Nägel geradeklopfen könnt. Nehmt hin und hebt ihn ordentlich auf.«

Hans lud den Stein auf und ging mit vergnügtem Herzen weiter; seine Augen leuchteten vor Freude. »Ich muss in einer Glückshaut geboren sein«, rief er aus, »alles, was ich wünsche, trifft mir ein wie einem Sonntagskind.«

Indessen, weil er seit Tagesanbruch auf den Beinen gewesen war, begann er müde zu werden; auch plagte ihn der Hunger, da er allen Vorrat auf einmal in der Freude über die erhandelte Kuh aufgezehrt hatte. Er konnte endlich nur mit Mühe weitergehen und musste jeden Augenblick Halt machen; dabei drückten ihn die Steine ganz erbärmlich. Da konnte er sich des Gedankens nicht erwehren, wie gut es wäre, wenn er sie gerade jetzt nicht zu tragen brauchte. Wie eine Schnecke kam er zu einem Feldbrunnen geschlichen, wollte da ruhen und sich mit einem frischen Trunk laben. Damit er aber die Steine im Niedersitzen nicht beschädigte, legte er sie bedächtig neben sich auf den Rand des Brunnens. Darauf setzte er sich nieder und wollte sich zum Trinken bücken, da versah er's, stieß ein klein wenig an und beide Steine plumpsten hinab. Hans, als er sie mit seinen Augen in die Tiefe hatte versinken sehen, sprang vor Freuden auf, kniete dann nieder und dankte Gott mit Tränen in den Augen, dass er ihm auch diese Gnade noch erwiesen und ihn auf eine so gute Art von den schweren Steinen befreit hätte, die ihm allein noch hinderlich gewesen wären. »So glücklich wie ich«, rief er aus, »gibt es keinen Menschen unter der Sonne.« Mit leichtem Herzen und frei von aller Last sprang er nun fort, bis er daheim bei seiner Mutter war.

∾ Brüder Grimm ∾

Hans hatte seinem Herrn sieben Jahre gedient. Er bittet um Entlassung, denn er will in das Dorf seiner Mutter zurückkehren. Und – er bittet um seinen Lohn, den er ganz dem Ermessen seines Herrn überlässt. Allein in diesem kurzen Abschnitt finden wir lauter kraftvolle Symbole, die eine verschlüsselte Botschaft enthalten.

Die Sieben ist seit uralten Zeiten eine heilige Zahl. Der Lebensrhythmus findet in Sieben-Jahres-Schritten statt. Die Anthroposophen haben diese alte Weisheit wieder ans Licht geholt. Mit sieben endet die frühe Kindheit und der Eintritt in die Schule beginnt. Mit 14 ist der Mensch in der Phase der Pubertät und mit 21 war er bis vor kurzem volljährig. Für Jugendstrafrichter gilt das heute noch, ein so genannter Erwachsener kann mit 20 oder 21 noch mit dem Jugendstrafrecht bestraft werden. Sieben Jahre diente Jakob um seine zweite Frau Rahel, sieben Tage dauerte laut Genesis die Erschaffung der Erde. Ich könnte noch viele weitere Beispiele anführen, will es aber dabei bewenden lassen. Die Sieben symbolisiert ein abgeschlossenes Werk und damit den Beginn eines neues. Oder einer Lebensphase.

Hans hat etwas abgeschlossen. Wir erfahren, dass seine Zeit herum ist. Er will zurückkehren zu dem Anfang seines Lebens: ins Dorf seiner Mutter. Er erhält als Lohn einen Klumpen Gold, so groß wie sein Kopf. Gold ist ein Symbol für den höchsten Wert und versinnbildlicht das Erlernen und Erreichen von Fähigkeiten. Es steht auch für Erleuchtung, für neues und höheres Bewusstsein. Hans hat während seiner »Dienstzeit« gelernt, seine Herzens- und Geisteskräfte zu entwickeln, und diese befähigen ihn, die Welt mit ganz anderen Augen zu betrachten als die durchschnittlich »gescheiten« Menschen. Wir können das auf seiner Wanderschaft zurück zu seinem Ursprung gut mitverfolgen. Aus seinen Handlungen können wir entnehmen, dass er zur schlichten Weisheit seines Herzens gefunden hat. Er weiß, dass uns aller Besitz doch nur aus den Händen rinnt, besonders wenn wir ihn festhalten wollen. Wir können ihn auch am Ende unseres Lebens nicht mitnehmen, sondern er würde in jedem Fall wie eine schwere Last auf uns sitzen. Aus diesem Grunde wird Hans sein Gold so gebrauchen, dass er frohen Herzens und glücklich wieder zur Mutter gelangt. Das Gold ist so groß wie sein Kopf. Das bedeutet, Hans hat überlegene Geisteskräfte in seinem Dienst erworben. Er kennt den rechten Gebrauch der geistigen Gaben und Kräfte.

Der Schriftsteller Ortega y Gasset sagte einmal: »Es ist ein Edler, der es wagt, der inneren Stimme des Gewissens, dem Selbst zu folgen – auch wenn er vor den Augen der Welt als Tor dasteht.«

Und genau das tut Hans. Und deshalb wirkt er auch auf den ersten Blick wie ein Dümmling, der den rechten Wert der Dinge nicht kennt. In Wahrheit will uns das Märchen aber zeigen, worauf es im Leben letzten Endes ankommt. »Lebe so, dass du das Wechselspiel der Umstände annimmst.« Wir haben schon gehört, dass dies unter anderem eine Grundvoraussetzung ist, um ein Glückskind zu werden. Auf diese Weise kommt man frei von aller Last an das gewünschte Ziel.

Hans nimmt diese Maxime an. Alle Zufälle oder besser Umstände ändern immer nur sein Lebensgepäck, und das bedeutet, seine bewusste Einstellung.

Die Wanderschaft zu Fuß ist ein Symbol für den Ablauf des Lebens. Der Goldklumpen drückt ihn. Zum Reiter sagt er: »Es ist zwar Gold, aber man muss sich ordentlich mit ihm abschleppen.« Wir können das Gold als Materialisation der Ideale ansehen, die Hans in seinem Dienst entwickelt hat. Hans schreitet auf den Abend zu, auf seinen Lebensabend. Der Reiter ist voller Gier sofort bereit, Hans die Last abzunehmen, und hilft ihm aufs Pferd. Unsere Ideale nötigen unser Ich zur beständigen Anstrengung, sie üben unerbittliche Macht über unsere Seele aus. Sie treiben das Ich zur ständigen Höchstleistung und erzeugen in der Seele die Einstellung, dass der Wert, den wir haben, nur von ihrer Erfüllung abhängt. Denken wir an Don Quichotte. Er hatte Ideale, und wie strengte er sich an, die vermeintlichen Ungeheuer zu bekämpfen, die sich als Windmühlenflügel entpuppten. Falsche Ideale verhindern oft, dass der Mensch lernt, er selbst zu werden.

Hans ist also sofort entschlossen, die Last, die ihn so drückt, abzuwerfen und gegen etwas Nützlicheres einzutauschen. Er nutzt die gute Gelegenheit, den Umstand, der sich ihm gerade bietet. Er hat nun die Aussicht, ohne Mühe auf seinem Wege voranzukommen. Warum sollte er sich da von Idealen oder irgendwelchen Vorstellungen anderer versklaven lassen? Er wandelt die Sonnenenergie in Bewegungsenergie, aber schon naht der nächste Zwischenfall, der die Entwicklung von Hans im Glück vorantreiben wird.

Hans kann die neue Bewegungsenergie noch nicht richtig handhaben. Er stürzt ab.

Wer hat sich nicht selbst schon einmal Erleichterung in einer bestimmten Situation gewünscht? Dass eine Anstrengung endlich aufhören möge. Müheloser ans Ziel zu gelangen. Wünsche können aber sehr unterschiedliche Motive haben. Zunächst kommt es darauf an, dass der Wunsch wirklich von uns selbst stammt und uns nicht von einem Dritten nahe gelegt oder verordnet wird. Solche Wünsche sind meist versteckte Abhängigkeiten und haben mit Macht und Druck zu tun. Daran ändert sich auch nichts, wenn es sich um nützliche Aufgaben handelt. Wünsche haben etwas mit Eigeninitiative zu tun. Sie stammen aus dem Bereich der Phantasie. Die unerwartete Erfüllung von Wünschen erscheint uns als Glück. Sind unser Ich und das Unterbewusstsein in Einklang, scheint unser Glück dauerhaft zu werden. Wer die Dinge wahrnimmt und auf sie hört, darf sich als Glückskind fühlen.

Die Kraft zu wünschen ist die Voraussetzung für Glück. Vielleicht haben wir es mit dem Glück deshalb so schwer, weil wir lernen, auf Wünsche zu verzichten oder sie unter Kontrolle zu bringen. Hans denkt an das Nächste, was er gerade wahrnimmt, nämlich, dass ein Reiter schneller vorankommt, ohne an einen Stein zu stoßen, und dabei auch noch die Schuhsohlen schont. Aber er treibt das Pferd zur Eile an. Und wir wissen das alle: Eile, Hetze, Hektik, immer größere Geschwindigkeiten werfen uns aus dem Sattel. Wir »vergaloppieren« uns. Immer mehr Fortschritt und das Rennen nach Erfolgen bedrohen uns mit einem Absturz. Wünsche sind eben nicht nur Voraussetzungen für das Glück, sondern auch für das Unglück.

Hans zeigt sich in seiner Einstellung zum Wünschen sehr klug. Er »weiß« immer, was er sich wünscht. Aber er würde nie von sich aus auf der Erfüllung seiner Wünsche bestehen. Was er sich wünscht, liegt immer innerhalb seines Umfeldes. Er wünscht sich das, was der Glück bringende Augenblick ihm gerade anbietet, und überlässt die Erfüllung den Umständen. Auf diese Weise ist das Glück immer für ihn da. Das bedeutet, dass wir uns und unseren Lebenszusammenhang aus dem Gleichgewicht bringen, wenn wir gierig und blind für die Umstände auf der Erfüllung eines Wunsches bestehen.

Hans wollte mithilfe des Pferdes schneller vorankommen. Die Steigerung der Geschwindigkeit steht hier für das rasche Erreichen des Zieles. Wer in unserer Gesellschaft Spitze sein will, rennt den Erfolgen immer schneller nach. Wir geraten in Abhängigkeit und verlieren die wirkliche Erfüllung unseres Daseins aus dem Blickfeld. Viele Mythen und Legenden versuchen uns zu lehren, dass immer mehr Streben nach Macht und Besitz für den Menschen unheilvoll ist. Wir brauchen nur an die übermäßigen, gierigen Konsumwünsche unserer Zeit zu denken.

Nachdem Hans also gelernt hat, dass man nicht ohne Mühe schneller ans Ziel kommt, tauscht er das Pferd gegen die Kuh ein. Die Kuh ist ein Symbol für das Mütterliche. In den Mythen ist sie ein heiliges Tier. Sie versinnbildlicht das Versorgtwerden, aber sie erinnert auch an unsere Kindheit. Unsere Bedürfnisse wurden von der Mutter liebevoll befriedigt. Die Beziehung zu ihr bestimmte unser Verhältnis dem Leben gegenüber. Wir lernen, die Welt mit den Augen zu sehen, mit welchen wir von der Mutter angeschaut werden. Die Mutter entscheidet vor allem über den Weg des Menschen durch sein Leben, über sein soziales Verhalten und seine Integration in die Gesellschaft.

Das mütterliche Prinzip öffnet nicht nur den Weg durchs Leben, sondern auch wieder zurück. Die Mutter, die Hans half, die Fähigkeit zu entwickeln, stets mitten im Leben zu sein und das Leben zu genießen – also glücklich zu sein –, ohne ihn an sich zu binden, ermöglichte, dass Hans in das Leben hinauswachsen konnte. Jetzt, auf dem Rückweg – seiner »Heimkehr« – schenkt er alles zurück, was das Leben ihm gab und gibt.

Hans im Glück lebt im Einklang mit dem Leben aus seiner Mitte heraus. Er kann zwar verdrießlich sein, aber nicht unglücklich. Nach außen hin ist sein Weg nur von Verlusten gekennzeichnet, für Hans aber zählt nur sein innerer Gewinn. Die Richtschnur für sein Handeln, die ihn bei allen »Zufällen« leitet, findet er in sich und durch sich selber. Was ihm nicht gefällt, macht er einfach nicht. Wir haben über diesen Zug bei Glückskindern schon gesprochen. Auch wenn Hans den anderen durchaus berücksichtigt, richtet sich sein Leben nach seinem eigenen, inneren Plan. Er weiß das zu seinem Plan Passende herauszufinden und durchzusetzen. Hans lebt aus einem ungestörten Urvertrauen heraus. Dieses Urvertrauen gibt ihm die Kraft, in die Welt hinauszuwandern, es leitet ihn auf seinem ganzen Weg und führt ihn schließlich wieder zu seinem Anfang zurück.

Hans' Selbstvertrauen ist sehr groß. Es ist so groß, dass er eigentlich nur glücklich sein kann. Ist das denn nicht ein Glück, wenn er nun gemächlich hinter der Kuh hertraben kann und außerdem noch versorgt wird? Wenn er Durst hat, kann er Milch trinken, und wenn er Hunger hat, kann er für Butter und Käse sorgen. Von den Pferdemuskeln, die ihn trugen, gerät er nun an die Brust der Mutter Kuh. »Herz, was begehrst du mehr«, ruft Hans aus.

Hans bleibt auf seinem Wanderweg, der ihn symbolisch zu sich selbst führt, aber wirklich nichts erspart. Die nächste Prüfung naht. Als Hans sehr durstig ist und die Kuh melken will, schlägt das Tier aus. Auch hier erweist sich, dass Hans die Prüfungen des Lebens nicht nur widerspruchslos annimmt und verkraftet, sondern dass er sie auch als Schritte auf dem gewählten Lebensweg auffasst. Sein Weg ist nicht der, Kapital zu erwerben, er ist frei von der üblichen Besitzgier und von Machtstreben. Er verfügt über Geduld, Ausdauer und Kraft. Er kann vom Pferd stürzen, von der Kuh einen Schlag an den Kopf erhalten, sodass er sogar zu Boden geht und eine Weile ohne Besinnung ist, aber an seiner Einstellung zu sich und der Welt ändern solche Zwischenfälle nichts. Vom Schicksal kurzfristig gebeutelt, gibt er sogar noch freudiger das her, was er gerade eingetauscht hatte.

Zu Boden zu gehen und eine Weile ohne Besinnung zu sein ist schon ein großes Missgeschick. Aber – und das können wir von Hans lernen – alles, was uns zustößt, ist eine Sache der Interpretation. Hans steht wieder auf. Was soll er mit der Kuh, wenn sie doch keine Milch gibt. Aber er hat ja wieder Glück, denn da taucht schon ein Metzger auf und ist bereit, die alte Kuh gegen ein junges, saftiges Schwein einzutauschen. Hans hat sein festes, inneres Ziel, nach dem er sich richtet, und diesem inneren Ziel werden die äußeren Umstände untergeordnet. Jedes Missgeschick bringt Hans einen Schritt weiter zu sich selbst und damit nach vorn. Gibt es das eine nicht, so stellt sich eben etwas anderes ein. Durch diese Haltung scheint der Weg von Hans von glücklichen Zufällen nur so umsäumt zu sein.

Hans hat also wieder einmal »Schwein gehabt«. Auch das Schwein ist nicht nur als Symbol ein Glücksbringer, sondern taucht in vielen alten Mythen als Sinnbild der Fruchtbarkeit auf. Hans nimmt eine Umwertung vor. Warum soll er altes zähes Kuhfleisch essen? Er ist für das Saftige, das Junge – für volle, ungeteilte Lebensfreude.

Als Hans den Burschen mit der Gans trifft, bleibt er auch in dieser Situation seiner Gesinnung treu. Er ist ehrlich und er will wegen eines Schweines keine Unannehmlichkeiten. Der Bursche erklärt ihm, dass das Schwein wahrscheinlich gestohlen sei, und warnt Hans vor Unheil. Arglist und Verstellung sind Hans fremd. Angst vor Strafe schüchtert ihn jedoch ein. Arglistige Menschen, die die Ehrlichkeit anderer missbrauchen, gibt es immer wieder. Aber sich treue Menschen, die das, was sie als gut und wahr gelernt haben, verteidigen, sind für das Zusammenleben in der Gesellschaft von ungeheurer Bedeutung. Werden verbindliche moralische Grundsätze missachtet, kann eine Gesellschaft langfristig nicht überleben.

Hans folgt seinem inneren Auftrag und lässt sich durch den Burschen, der ihm das Schwein abschwatzt, nicht beirren. Er hält den anderen für genauso ehrlich wie sich selbst, er nimmt ihn wörtlich. Für ihn gilt das Bibelwort »Deine Rede sei ja, ja oder nein, nein«.

Und so bleibt Hans doch wieder der Sieger, als er das Schwein gegen die Gans eintauscht. Er trennt sich von heimlichen Wünschen und verborgenen Ansprüchen, denn das Schwein gehört ja auch zum Erdreich, es liebt sich im Schlamm zu suhlen. Es symbolisiert Ansprüche, die letztendlich demjenigen zum Verderben werden, der es nicht schafft, sich davon zu lösen. Hans aber, mit der Aussicht auf weiche Daunen in seinem Kissen, wird in Zukunft alle Abende mit gutem Gewissen schlafen, als wenn er gewiegt würde.

Hans lässt sich auf nichts ein, was seinem Glück schaden könnte. Er bleibt ehrlich und möchte nur das haben, was ihm keinen Schaden bringt. Auf keinen Fall möchte er auf seinem Weg behindert oder aufgehalten werden. Hans weiß, dass die Menschen um Besitz viel streiten. Er ist klüger. Er weiß, dass unrechtmäßiger Besitz nicht gedeiht. Und was ist schon Besitz? Hans »weiß«, dass Besitz nicht das ist, was einer hat, sondern was uns durch die wechselnden Umstände zugestanden wird. Darin liegt eine hohe Weisheit. Normalerweise neigen wir dazu, die Umstände als Besitzstand zu verstehen. Da die Umstände sich aber so schnell wie das Wetter ändern können – Hans' Lebensweg ist das beste Beispiel –, ändert sich auch unaufhörlich unser so genannter Besitzstand.

Hans hat wieder einmal Glück, denn ihm kommt ein Bursche entgegen, der ihm mit dem Schwein auch alle Sorgen abnimmt. Seine Klugheit rät Hans, mit den Umständen – wie immer sie auch aussehen mögen – zufrieden zu sein. Noch deutlicher können wir nicht lernen, wie wir auch ein »Hans im Glück« werden können.

Die dunkle Wolke über Hans ist verflogen. Er hat jetzt Aussicht auf einen Gänsebraten, Fett für ein Vierteljahr und Daunen für sein Kissen.

Bei diesem Tausch zeigt sich wieder einmal die Rechtschaffenheit von Hans und auch eine neue Komponente: Er denkt das erste Mal an Schlaf, an Ruhe. Und er ist sich auch jetzt wieder treu geblieben und hat seine Lebensvorstellungen – sein Lebensziel – nicht verraten. Er hat es geschafft, sich ohne Zorn oder Jammern über sein Schicksal von der Welt und ihren Machenschaften abzugrenzen. In Gedanken stopft er mit den Federn der Gans sein Kopfkissen und stellt sich vor, wie er »ungewiegt«, aber mit dem gleichen geborgenen, liebevollen Gefühl, darauf schlafen wird. »Ein gutes Gewissen ist ein sanftes Ruhekissen«, sagt der Volksmund.

Eine Einstellung von Hans, die sehr bedeutsam für ein Glückskind ist, heißt: Ich hänge nicht an dem Besitz. Der Wert, den die Personen im Märchen den Dingen geben, ist nicht der Wert, den Hans ihnen gibt. Bei Hans entscheiden die Umstände darüber, welchen Wert ein Gegenstand zugesprochen bekommt. Sehr weise! Die Umstände enthüllen nämlich den tieferen und eigentlichen Wert eines Tausch-»Objektes«, und der stellt sich, zusammen mit der jeweiligen Situation, verschieden dar. Während die anderen Personen im Märchen von den konventionellen Normen abhängig sind, geht Hans mit der Bewertung kreativ und hellsichtig um. Die Bewertung von Objekten ist abhängig von Situationen, Einstellungen und Modetrends der verschiedenen Zeitepochen. Für eine Pfennigmarke können Hunderttausende von Mark ausgegeben werden, aber für einen Dürstenden in der Wüste ist ein Schluck Wasser um vieles wertvoller als ein Sack mit Gold. Unser Märchenheld weiß das und verhält sich entsprechend. Er zeigt damit ganz klar die Kreativität und Unabhängigkeit, die unsere Glückskinder auszeichnen.

Je starrer ein Mensch an den von der Tradition vorgegebenen Werten eines Gegenstandes festhält, desto abhängiger wird er davon, und das Habenwollen wird wichtiger als das Sein – das Dasein. Dadurch entgeht dem Betroffenen aber, dass alle Eigenschaften, die er den Dingen zu- oder aberkennt, Eigenschaften von ihm selbst sind. Am häufigsten bekämpfen wir vermeintliche Bösartigkeiten im anderen, obwohl es Eigenschaften von uns selber sind. Auf diese Weise gelingt es uns nicht, sie in unserer Seele ins Gleichgewicht zu bringen und sie in unsere Persönlichkeit zu integrieren.

In schwierigen Situationen kommt es nicht nur darauf an, die Kräfte des Verstandes und Willens zu mobilisieren, sondern ebenso die Kräfte der Phantasie. Erst der Rückgriff auf die Phantasie schafft im Unglück die Voraussetzungen, uns gegen Verzweiflung zu wehren und innere Kräfte zu aktivieren, die uns selbst in ausweglos anmutenden Situationen helfen, Lösungen zu finden.

Im letzten Dorf vor seinem Ziel trifft Hans auf den Scherenschleifer. Die Sonne steht schon tiefer, aber noch wartet eine Prüfung auf Hans, der mit seiner schönen Gans unter dem Arm glücklich ist. Der Scherenschleifer symbolisiert berufstätige Menschen, die dem Erwerb und Gewinn hinterherjagen. Schnell wird klar, dass er Hans ausnehmen will – zu seinem eigenen Vorteil. Aber Hans ist immun gegen diese Eigenschaft. Er ist glücklich. Natürlich kommt es auch für ihn darauf an, wie man Dinge einschätzt, aber er will sich dabei nicht von seinem Ziel abbringen lassen: heimkehren zu seinem Ursprung, zur Mutter. Er ist nicht fähig jemanden auszubeuten, er will nicht vorne sein, zu den Ersten und Besten gehören und über dem Erfolg vergessen, dass man auch auf dem Höhepunkt seiner Karriere nicht weiß, wann der Augenblick zur »Heimkehr« eintreten wird. Hans hat sich nicht zum Ziel gesetzt, Kapital zu vermehren. Er weiß, dass dies nicht die Erfüllung eines Lebens ist und dass es am Ende auf etwas ganz anderes ankommt. Geld und Besitz können wir auf unserer letzten Reise nicht mitnehmen. Hans zeigt uns, dass wir das Kapital so einsetzen sollten, dass wir fröhlichen Herzens »heimkehren« können. Ist das nicht eine wunderbare Weisheit, die uns dieses alte Märchen lehren will?

Um diese schwerste Aufgabe zu erfüllen, muss er lernen, nun auch seine Gans herzugeben und beim Schleifer in die Lehre zu gehen, ehe er an seinem Lebensabend sein Ziel erreicht.

Durch Beständigkeit und Ehrlichkeit erreicht Hans das letzte Dorf. Vom Scherenschleifer muss er nun das Schwierigste lernen, was ein Mensch nur lernen kann. Er muss etwas Neues lernen und sich dabei trotzdem treu bleiben. In die Zunft der Scherenschleifer einzutreten ist eine seltsame Umkehrung der bisherigen Tauschgeschäfte mit den Tiersymbolen. Es wird noch einmal sehr schwer für ihn, denn statt der Gans erhält er nun einen abgenutzten Wetzstein und einen dicken Feldstein. Der Goldklumpen zu Beginn der Wanderung fällt in Form von zwei dicken, schweren, groben Steinen wieder auf Hans zurück. Hans nimmt die Prüfung an und schleppt die Steine in freudiger Erwartung seinem Ziel entgegen. Hans lud sich die Last auf. Seine Augen leuchten vor Freude. »Ich muss in einer Glückshaut geboren sein«, ruft er aus, »alles, was ich wünsche, trifft mir ein wie einem Sonntagskind.«

Auch auf diesem letzten Teil seines Lebensweges bleibt Hans sich seiner selbst treu. Das Märchen berichtet nun, wie Hans von Hunger und Durst geplagt wird. Er geht nur noch sehr müde weiter und muss dauernd Halt machen. Die Last der Steine drückt ihn. Er tritt nun in die entscheidende Prüfung ein, die seine Erlösung vorbereitet. Auch Glückskinder haben sich Prüfungen zu unterziehen und Aufgaben zu erfüllen. Ja, gerade sie sind es, die einen Teil des Glücks ausmachen, das zum Glückskind gehört.

Er schleppt die Steine trotz aller Mühe weiter, so wie wir geduldig die Last unseres Tages schleppen. Aber Hans zeigt uns, dass derjenige den Brunnen findet, der das konkrete Ziel hat, mit glücklichem Herzen zu seinem Ursprung, zur Mutter, nach einem gelebten Leben zurückzukehren. Das Märchen will uns auch lehren, dass wir den Brunnen nicht finden, wenn wir rücksichtslos durchs Leben schreiten, ohne daran zu denken, dass es den Abend – den Lebensabend – gibt, der uns alles, was wir je erworben haben, wieder aus den Händen nimmt.

Hans hat seine letzte Prüfung bestanden. Er legt die Steine sorgfältig, damit sie nicht beschädigt werden, auf den Brunnenrand. Er bleibt bis zum Schluss der vom Inneren Inspirierte. Und das Glück fällt ihm zu, als er »sich nicht versieht«.

Hans hat sein Ziel mit großer Ausdauer und Geduld verfolgt. Er gelangt an den Brunnen. Der Brunnen ist ein Symbol des Überganges, der Wandlung, zu Weisheit und Glück. In Hans' Geschichte erfahren wir, dass er nicht das materielle Gold der Menge suchte, sondern das geistige Gold. Der Brunnen ist das Symbol des suchenden Menschen, der von seinen Innenkräften geleitet und geführt wird. Das Symbol der Wahrheit, der Weisheit und des Glücks (siehe auch Goldmarie und Pechmarie). In der jüdischen Tradition ist der Brunnen Symbol der Lebensfülle und des Lebens. In der Bibel ist er Symbol des ewigen Lebens.

Im Märchen ist der Brunnen oft Übergang in das Jenseits und führt zu (innerem) Reichtum und Glück.

Der Brunnen nimmt die Steine in seiner Tiefe auf und entlässt den von aller Last der Welt befreiten Hans im Glück auf den Weg zu sich selbst.

Hans ist bis zuletzt der Stimme seines Gewissens gefolgt, auch wenn er gegen die herrschenden Konventionen verstoßen hat. Die scheinbaren Verlusthandlungen machen ihn zum glücklichsten Menschen. Die Welt gehört eben nicht den Erfolgreichen und Tüchtigen, sondern dem, der von ihr eigentlich nichts verlangt und will, der sich aber beschenkt von ihr fühlt – sogar mit dem Tod, auf den jeder zugeht.

Hans spricht von sich als dem allerglücklichsten Menschen unter der Sonne. Eine Wandlung war dazu nötig, die von Hans als Gottes Gnade bezeichnet wird, als die schweren Steine in der Tiefe des Brunnens versinken. Mit leichtem Herzen und frei von aller Last springt er fort, bis er »daheim« bei der Mutter ist. »Sie ist die Erde mit dem Grab, das auf jeden wartet« (Alexis Sorbas, N. Kazantzakis).

4. Kapitel

Neugierige Kinder bleiben manchmal in der Suppenschüssel stecken

Eltern von besonders neugierigen Kindern haben es nicht leicht. Die Entdeckerfreude dieser Kinder ist nicht zu bremsen. Sie müssen alles ausprobieren, ihr Forschergeist kennt keine Grenzen. Sie sind wissbegierig, und weil sie einfach mehr ausprobieren, passiert ihnen eben auch mehr als den weniger Neugierigen. Sie sind selbstbewusst und begegnen allem Neuen völlig angstfrei, um ihren Horizont zu erweitern. Das ist die positive Seite. Die negative Seite verbucht neben Irrtümern gelegentlich auch Scherben, Tränen und Blessuren. Wichtig ist, dass Eltern solcher Kinder eine Haftpflichtversicherung abschließen. Aber keine Sorge. Die »Missgeschicke« dieser Kinder liegen meist immer im Rahmen der normalen Entwicklung.

Von ihren ersten Lebenstagen an erforschen Kinder ihre Umgebung. Dieses Verhalten ist genetisch bedingt und dient zur Orientierung in der Umwelt und zum Erwerb von Wissen. Das ist notwendig, um überhaupt überleben zu können. Das Kind erforscht seine Umgebung mithilfe sämtlicher Sinne. Es betrachtet ein Objekt von verschiedenen Seiten, begreift es mit den Händen, untersucht es, verändert es – und macht es dadurch manchmal kaputt. Es hat Freude an der Bewegung und am Bewirken von Veränderungen. Dieses Üben und Experimentieren sind die Grundlage für seine sensomotorische Weiterentwicklung und fördern die Fähigkeit, immer komplexer werdende Verhaltensweisen aufzubauen. Im Laufe der Entwicklung kommen zum Schauen, Üben und Forschen das Überlegen und Nachdenken dazu. Das Kind entwickelt ein richtiges Konzept für seine geplanten Aktivitäten.

Mehrere Studien über individuelle Unterschiede beim Neugierverhalten haben gezeigt, dass die Stärke des Neugierverhaltens, und somit die Motivation, die Umwelt zu erforschen, von der Qualität der Beziehung des Kindes zu den Eltern abhängt. Je besser die Eltern-Kind-Beziehung, desto stärker und zeitlich länger erforscht das Kind seine Umwelt. Auf diese Weise erhält es wesentlich mehr Informationen über sich und seine Umgebung als ein Kind mit deutlich niedrigem Neugierverhalten. Kinder mit schlechter Eltern-Kind-Beziehung zeigen weitaus weniger Interesse an den Objekten, die sie umgeben.

Neugierverhalten kann ein Kind aber auch durchaus in gefährliche Situationen bringen. Wir hören später noch von Michel, der nichts unprobiert lässt und deshalb auch mit dem Kopf in der Suppenschüssel stecken bleibt und in andere missliche Situationen gerät. Damit die Gefahren beim Neugierverhalten möglichst gering bleiben, müssen Kinder bei der Erkundung der Sachverhalte vorsichtig zu Werk gehen. Aus diesem Grunde sind wir genetisch so ausgestattet, dass wir auch Furcht vor Neuem und Unbekanntem empfinden. Das schützt uns davor, allzu schnell in unüberschaubar gefährliche Situationen zu geraten.

Ängstliche Kinder berühren neue Objekte weniger häufig als nichtängstliche. Sie zeigen auch eine reduzierte Neugier im Umgang mit neuen Objekten. Ängstliche Kinder setzen manchmal auch Formen von Neugierverhalten ein, die ungefährlich sind, weil es aus der sicheren Ferne geschieht. Zum Beispiel beim Schauen und Fragenstellen. In der Regel ist es aber so, dass ängstliche Kinder Objekte seltener berühren, weniger mit ihnen experimentieren und auch weniger Fragen dazu stellen als nichtängstliche Kinder.

Der Ablauf einer Erforschung folgt einem ganz bestimmten Schema. Zunächst orientieren Kinder sich mit den Augen. Sie schauen genau hin, dann berühren sie das neue Objekt, erforschen die Funktionen und manipulieren daran. Manipulative und spielerische Verhaltensweisen wechseln einander ab. Nach einer gewissen Zeit suchen sie neue oder ergänzende Objekte, um das Spiel interessanter zu gestalten und Neues zu entdekken.

Beim Erforschen eines neuen Gegenstandes wechseln sich Phasen der Informationsaufnahme und Pausen ab. Die Informationsaufnahme wird immer wieder einmal unterbrochen, weil es einfach zu viele Informationen sind, die da gespeichert und verarbeitet werden müssen.

Das Ziel des Neugierverhaltens sind also der Informations- und Wissenserwerb, die allmähliche Eroberung des Lebensraumes, mit einem Wort: Kompetenz. Der Kompetenzerwerb wird begleitet und gesteuert durch ein Gefühl der Wirksamkeit, der Fähigkeit, etwas zu bewirken. Das Gefühl der Wirksamkeit stellt dabei einen direkten Bezug zur Erlebnis- und Empfindungswelt des Kindes her. Kompetenz bedeutet also auch eine Fähigkeit zur Selbstbewertung. Das Neugierverhalten verhilft demnach nicht nur dazu, Informationen zu erwerben, sondern auch Strategien kennen zu lernen, wie Informationen zu erwerben sind, um das Gefühl zu entwickeln, den Anforderungen der Umwelt gewachsen zu sein.

Astrid Lindgrens Katastrophenkind Michel

»*Es hätte ruhig und friedvoll auf Katthult sein können, wenn Michel nicht dort gewesen wäre. ›Er macht immer nur Unfug, dieser Junge‹, sagte Lina. ›Und wenn er selbst keinen Unfug macht, passiert trotzdem noch genug mit Michel. So einen Bengel wie den hab ich noch nie gesehn.‹*«

Hier ist die Rede von Michel aus Lönneberga. Er ist fünf Jahre alt, sieht aus wie ein kleiner Engel und lebt mit seinen Eltern und seiner kleinen Schwester auf einem Bauernhof. Michel ist neugierig, eigensinnig und verfügt über ein ausgesprochen ausgeprägtes Selbstbewusstsein. Er tut, was er will, und was er nicht will, tut er auch nicht. Er betrachtet die Welt aus seiner Sicht und die ist manchmal ganz anders als die der Erwachsenen. Und oftmals muss man sich eingestehen, dass er gar nicht so Unrecht hat. Seine »Philosophie« führt die Haltung der Erwachsenen oft ad absurdum.

Michel ist kreativ, hat viel Phantasie und einen großen Forscherdrang. Als er die letzten Tropfen der heiß geliebten Suppe aus der Suppenschüssel essen will, aber nicht herankommt, weil die Schüssel so tief ist, stülpt er sie sich einfach über den Kopf, um sich die Suppe in den Mund laufen zu lassen. Die Schüssel sitzt nun aber fest über seinen Ohren und die Eltern wissen sich nicht anders zu helfen, als mit ihm zum Arzt zu fahren. Als Michel, der ja nichts sieht, den Arzt höflich begrüßen will, schlägt er mit dem Kopf auf dem Schreibtisch auf und die Schüssel zerspringt in zwei saubere Teile. Nun haben die Eltern das Arzthonorar gespart und Michel kann sie überzeugen, dass er einen kleinen Teil davon ja wirklich verdient hat. Auf dem Rückweg im holprigen Pferdewagen verschluckt Michel seine Münze und die ängstliche Mutter drängt auf neuerlichen Arztbesuch. Der Arzt verlangt auch diesmal kein Honorar, sondern meint, die Münze werde in ein paar Tagen wieder auftauchen. Sicherheitshalber solle Michel aber fünf Rosinenbrötchen essen, damit die Münze im Bauch nicht so kratzt. Michel schwelgt im Genuss nach Zimt duftender Rosinenbrötchen. Der Vater ist froh, dass er die Suppenschüssel noch einmal zusammenkitten kann, denn die Familie hängt an dem wunderschönen alten Stück. Michels kleine Schwester ist von der ganzen Sache begeistert und fragt Michel, wie er das mit der Suppenschüssel denn gemacht habe. Michel, impulsiv und voller Freude, demonstriert seiner Schwester, wie es geht. Und Schwupp! Die Suppenschüssel sitzt wieder fest wie ein Helm auf seinem Kopf. Als die Mutter die Küche betritt, verliert sie endgültig die Geduld. Sie nimmt den Feuerhaken und schlägt die Suppenschüssel endgültig in Stücke. Das ganze Theater mit den Arztbesuchen wollte sie nicht noch einmal mitmachen.

Ja, Michel war kein gewöhnlicher Junge, denn ihm passierte an einem Tag mehr als nur eine Katastrophe. Aber letztendlich wandelten sich seine Missgeschicke immer in Glücksfälle um. Nicht nur bei der Geschichte mit den Rosinenbrötchen.

Eines Tages, als hohe Gäste erwartet werden, zieht Michel seine kleine Schwester am Kleid an der Fahnenstange hoch. Zur Strafe – und auch zur Vorsicht – wird er in die Werkstatt eingesperrt. Michel kennt das schon. Während er seine Strafzeit absitzt, schnitzt er geschickt kleine Männchen aus Holz. Auf dem Regal stehen schon mehr als 50 davon. Aber Michel wird es langweilig, und der Vater scheint ihn vergessen zu haben, denn sonst ist die Strafzeit immer genau so lang, wie Michel braucht, um ein Männchen zu schnitzen. Das ist aber längst fertig. Michel schaut aus dem Fenster. Gegenüber der Werkstatt liegt das Vorratshaus. Das Fenster ist offen. Michel sucht sich ein passendes Brett und schiebt es hinüber in das offene Fenster. Nun kriecht er vorsichtig auf dem Bauch hinüber. Dem Brett gibt er einen kräftigen Schubs, sodass es in die Werkstatt zurücksaust. Die Vorratskammer ist angefüllt mit herrlichen Leckerbissen für das große Fest, unter anderem auch mit der berühmten Wurst, die Michels Mutter herstellt und derentwegen viele Gäste eigentlich nur kommen. Irgendwann bemerken die Eltern, dass sie Michel vergessen haben. Nun gehen das Geschrei und Gesuche los, denn die Werkstatt war abgesperrt, aber kein Michel ist mehr darin. Auch aus dem Fenster konnte er nicht geklettert sein, denn die hoch gewachsenen Brennnesseln unter dem Fenster waren nicht zertreten. Nach langer Sucherei und wachsender Angst um Michel hat Lina, die Magd, eine Idee. Sie findet Michel in einem Regal in der Vorratskammer, tief und friedlich schlafend, mit rundem Bäuchlein und umgeben von Unmengen von Wurstpelle. Die gute Wurst war ganz für ihn allein.

Wer viel ausprobiert, dem passiert auch mehr

Kreativität spielt in der Erziehung eine große Rolle. Sie erleichtert nicht nur das Leben, sondern sie macht es auch bunter, vielfältiger, erfüllter und manchmal sogar einfacher, denn ein kreativer Mensch verfügt über eine breite Palette an Strategien und Einfällen. Für sehr viele Berufe ist Kreativität eine unverzichtbare Eigenschaft. Der Kreative macht einzigartige, originelle Entdeckungen, er hält sich nicht daran, was man tut, sondern kombiniert neu und überraschend – so wie Michel. Aber Kreativität ist kein starrer Faktor, sondern sie kann gestärkt und gefördert werden oder aber auch abgewürgt. Um kreativ zu sein, muss man neugierig sein und motiviert genug, um immer wieder neue Dinge zu erforschen. Auch die Fähigkeit, verfügbare Informationen zu verarbeiten, muss vorhanden sein, sowie diese Informationen in die übrigen zu integrieren und den Vorgang zu verstehen. Das erste Charakteristikum ist somit Neugier und das zweite Intelligenz. Beide sind erforderlich, damit ein Kind – oder ein Erwachsener – den Mut hat, immer wieder neue Dinge zu erforschen und in Verbindung zu setzen, um sein Wissen und sein Verständnis zu vermehren und motiviert zu sein für eigene kreative Produktivität. Kreativität ist also eine Funktion von Neugier und Intelligenz.

Diese Zusammenhänge sollten wir auch bei der Gestaltung der Umgebung unserer Kinder im Auge behalten. Alle Menschen reagieren von Beginn ihres Lebens an mehr oder weniger unterschiedlich. Im aktiven Zustand oder im Ruhezustand sind manche Menschen erregter und aktiver als andere. Auch auf eine Veränderung in der Umgebung wird individuell verschieden reagiert. Bestimmte Umweltgegebenheiten, zum Beispiel viele Kinder zum Spielen, finden manche anregend, andere dagegen überhaupt nicht. Besonders in der Schule ist es wichtig, das Neugierniveau der Schüler anzuheben, damit ein Anreiz entsteht, Neues zu lernen und auszuprobieren. Neugiermotivierte Schulkinder lernen nicht nur besser, sondern sie haben auch viel mehr Freude daran.

Ein Individuum mit einem hohen Wert an Neugierverhalten wird anders auf Situationen reagieren als eines mit einem niedrigen Wert. Es wird immer eine gewisse Grundneugier zeigen, auch wenn es zu ruhen scheint. Es wird auf Veränderungen in seiner Umgebung eher mit Neugier als mit Angst reagieren und es interessiert sich für viel mehr Aspekte in seiner Umgebung. Das führt natürlich auch dazu, dass so einem Menschen viel mehr zustößt. Da wird eben der Finger öfter gequetscht, und es geht mehr zu Bruch, weil viel mehr angerührt wird.

Allerdings sollte man nicht den Fehler machen und eine Persönlichkeit für stabil und unveränderbar halten. Deshalb vertrete ich auch die These, dass Pechvögel zu Glückskindern werden können. Menschen verändern sich im Laufe ihres Lebens und das drückt sich auch in ihren Reaktionen auf völlig gleiche Situationen aus.

Ich kannte einmal ein Kind, das sehr neugierig, lebhaft und mutig war. Als junges Mädchen reagierte es schüchtern und beinahe ängstlich. Als junge Frau brach die alte Vitalität noch einmal durch. Sie reagierte neugierig auf alles in der Welt. Man könnte ihr Verhalten fast als waghalsig bezeichnen. Dementsprechend viele Missgeschicke und Krisen zeichneten ihr Leben. Zu den Veränderungen im Laufe der Entwicklung kommt noch hinzu, dass wir in unseren sozialen Beziehungen verschiedene Rollen spielen, die uns auch sehr unterschiedlich reagieren lassen. Ist das Kind in der Schule still und schüchtern, so kann es zu Hause durchaus aufgedreht und lebhaft sein.

Wichtig ist noch ein Hinweis für Eltern, die die Kreativität ihrer Kinder fördern wollen und ihnen immer wieder neue Anreize bieten. Wenn Sie Ihr Kind damit überfordern, weil es einfach zu viel Neues ist, provozieren Sie damit unter Umständen eine übersteigerte Reaktion. Entweder misslingt die Sache vollständig oder aber Sie lösen Angst bei Ihrem Kind aus. Angst ist aber das Gegenteil von Neugier.

An dieser Stelle muss aber auch gesagt werden, dass Angst nicht nur negativ gesehen werden darf. Sicherlich bringt die Neugiermotivation dem Menschen Vorteile, da er durch die Auseinandersetzung mit der physikalischen und sozialen Umwelt Wissen erwirbt, was ihm eine bessere, erfolgreichere Anpassung an diese Umwelt ermöglicht. Allerdings stehen diesen Vorteilen auch »Kosten« oder Gefahren entgegen, die es nicht immer in allen Situationen angebracht erscheinen lassen, seiner Neugier ungehemmt nachzugehen. So können von einem Objekt oder einer Situation, die etwas Neues darstellen, Gefahren für den Menschen ausgehen, die zu einer körperlichen Schädigung oder sogar zur Bedrohung des Lebens führen. Dies kann besonders dann der Fall sein, wenn der Mensch in einer neuen Situation in seinen Fertigkeiten und Handlungsmöglichkeiten völlig überfordert ist. Niemand käme zum Beispiel auf die Idee, ein Kleinkind einen langen verkehrsreichen, gefährlichen Weg in den Kindergarten allein gehen zu lassen.

Wir sprachen schon davon, dass die Angst auch eine wichtige Funktion erfüllt. Sie schützt den Menschen bei der Erforschung vor unmittelbaren Gefahren. Sie reguliert die Balance zwischen Neugier und dem deutlichen Gefühl einer Überforderung. Oftmals überschneiden sich die Bereiche Neugier und Angst. Überwiegt jedoch die Ängstlichkeit, wird die Neugier sehr stark gehemmt.

5. Kapitel

So wird man ein Glückskind

Glücklichsein

Es gibt keine Pflicht des Lebens,
es gibt nur eine Pflicht des Glücklichseins.
Dazu allein sind wir auf der Welt,
und mit aller Moral
und allen Geboten
macht man einander selten glücklich,
weil man sich selbst damit nicht glücklich macht.
Wenn der Mensch gut sein kann,
so kann er es nur,
wenn er glücklich ist,
wenn er Harmonie in sich hat,
also wenn er liebt.
Dies war die Lehre,
die einzige Lehre in der Welt;
dies sagte Jesus,
dies sagte Buddha,
dies sagte Hegel.
Für jeden ist das einzig Wichtige auf der Welt
sein eigenes Innerstes,
seine Seele,
seine Liebesfähigkeit.
Ist die in Ordnung,
so mag man Hirse oder Kuchen essen,
Lumpen oder Juwelen tragen,
dann klang die Welt mit der Seele rein zusammen,
war gut,
war in Ordnung.

Hermann Hesse, aus seinem Nachlass

Glück hat mit Haben oder Sein zu tun. Wir haben schon im 3. Kapitel davon gehört, dass Menschen, die sich als Teil eines lebendigen Ganzen begreifen, es leichter haben, zufrieden und glücklich zu sein. In unserer Kultur empfinden wir uns nicht mehr als Teil des kosmischen Systems. Innen und Außen haben sich getrennt. Die Geborgenheit in der Natur ist abgelöst worden von der Betrachtung der Natur als Außenstehender. Der Mensch setzt sich über die Natur und die Geschichte. Das Verhältnis zur Welt hat sich vom Sein zum Haben gewandelt. Wir »sind« nun nicht mehr vorwiegend, sondern wir gehen mit den Dingen um, wir »haben« sie, wir erwerben sie. Die Fähigkeit, sich die Welt anzueignen, wird an den Dingen abgelesen, über die der Mensch gebietet. Die Menge, die Vielzahl, der Reichtum bestimmen, was jemand ist und darstellt. Die tauschbaren Waren, die den Besitzer wechseln, spiegeln nun das Sein des Menschen wider. Ich darf an dieser Stelle noch einmal an Hans im Glück erinnern, der uns genau diese Lektion lehrt, aber auch, wie man wirklich glücklich wird.

Das Glück, das jeder Mensch empfindet, der sich im Einklang mit der Natur und dem gesamten Kosmos befindet, soll ersetzt werden durch ein fragwürdiges Glück der Macht über die Natur und die Lebensgesetze. Berechenbarkeit und Machtstreben sollen das schicksalhafte Seinsglück ersetzen. Aber wachen wir nicht doch langsam aus diesem Irrtumstraum auf?

Warum suchen so viele Menschen nach sinnlichen Glücksformen des einfachen Seins, danach, sich in die bergende Gewissheit des Seins zurückzubringen, nachdem wir jahrelang meinten, das Glück, die Freiheit und die Selbstbestimmung »haben« zu können? Aber vom Haben geblendet, entgleiten wir uns selbst. Nochmals verweise ich auf Hans im Glück. Die Entgleitung unseres Selbst im Sein geschieht durch die übersteigerte Überschätzung des Machens, des Erwerbens und des Besitzens.

Unsere Gesellschaftsform zwingt uns ja geradezu, uns in äußerlicher Weise mit einer äußerlichen Leistung für sie einzusetzen – um etwas zu sein. Dazu kommt, dass wir heute in jedem Lebensalter in homogenen Gruppen leben. In der Schulklasse sind alle gleichaltrig, die Jugendlichen am Ausbildungsplatz, das erfolgreiche mittlere Management und letztlich bleiben auch die Alten unter sich. Unterscheidungen und Profilierungen sind also nur noch über äußere Merkmale möglich. Wir legen uns Besitzmerkmale zu, machen etwas aus uns, damit wir uns von den anderen abheben. Aber mit dem Kostbarsten, was wir überhaupt haben, nämlich mit dem, was wir sind, können wir heute kaum noch etwas erreichen. Auch dadurch wurden Glücksquellen verschüttet, die wieder freigelegt gehören.

Vielen Menschen fehlt der Mut, sich auf das Glück der Identität einzulassen. Das Finden unserer wahren Identität schenkt uns Gewissheit, wer wir sind, was wir uns zumuten wollen und was nicht zu uns gehört. Dadurch entstehen Grenzen, die unser Glück stabilisieren, weil wir uns von unserer Bestimmung und nicht von Vernunft oder Stärke leiten lassen. Unsere Daseinsbestimmung existiert unabhängig von unserem Vermögen oder sonstigen Äußerlichkeiten. Glück ist auch die Geborgenheit in einem Sinn unseres Lebens. Wenn wir den gefunden haben, bewegen wir uns in einem sicheren Lebensraum, der uns dabei führt, die richtigen Schritte zu gehen.

Um Glückskinder zu werden, sollten wir uns an Orte begeben, wo unsere Sinne etwas gelten, wo wir Raum haben für eigene Entscheidungen, wo wir mit den intakten Sinnen unserer Kinder zusammentreffen können und uns in unserer Verschiedenheit Glück schenken können. Wir brauchen Glücksräume, in denen unsere Gefühle wieder erwachen können. Glück zählt und rechnet nicht. Es steht daher außerhalb jeglicher Erwerbszwänge. Aus diesem Grunde wird der Glückliche auch frei von den Strategien und Normen der Warenwelt.

Ein Irrtum ist es jedoch, wenn wir meinen, glücklich zu werden, indem wir dem Prinzip einfachen Lustgewinns folgen. Ein solches »Lustprinzip« kann niemals ein Glücksprinzip werden, weil es nicht auf der Freude am Leben und an der Natur mit seinen Rhythmen beruht, sondern auf Habsucht, die sich sowohl an die Dinge wie auch an die Menschen richtet.

Glück kann nicht besessen, sondern nur genossen werden – und zwar ohne Besitzinteresse. Das bedeutet aber nicht, dass ein Glückskind ein vollkommener Mensch ist, tugendhaft und ohne Fehler. Ein Glückskind ist lediglich frei. Frei von Wünschen und Zwängen, denn es steht ja bereits im Zentrum aller Erfüllungen.

Nicht aus der gelernten Tugend heraus ist der Glückliche glücklich, sondern aufgrund seines geglückten Verhältnisses zu sich selbst, der Welt und den Mitmenschen. Ein solches Glücksverhältnis kann in besonders schwierigen Zeiten durchaus getrübt sein. Menschen, die sich jedoch dauerhaft glücklich und zufrieden nennen, verfügen über eine ganz besondere Fähigkeit: Sie jagen dem Glück gar nicht nach, aber ergreifen voller Zuversicht die Glücksmomente, die viele Handlungen und Situationen des Alltags in sich bergen. Viele glückliche Menschen führen, von außen betrachtet, ein ebenso unscheinbares und wenig aufregendes Leben wie andere auch. Was macht den Unterschied aus? Weshalb nennen sie sich trotzdem glücklich?

Glückskinder leben in dem überlegenen Bewusstsein, das es ihnen ermöglicht, Wesentliches von Unwesentlichem zu unterscheiden. Sie freuen sich über die Natur, über die Schönheit einer Landschaft, über die Begegnung mit anderen Menschen. All das erleben sie in dem Bewusstsein, dass sie über den Augenblick des Schauens, Lauschens, Hörens und Schmeckens hinaus keine Macht besitzen. Nicht als Besitzer der Natur sind wir glücklich, sondern als ihre Bewunderer.

Dasselbe gilt auch für die Beziehung zu einem anderen Menschen. Sie macht uns nicht glücklich, wenn wir versuchen, den anderen umgestalten zu wollen. Wir werden aber glücklich mit ihm, wenn wir uns an seiner Persönlichkeit erfreuen, so wie sie ist.

Die Glücksfähigkeit in diesem Sinne wird aber immer schwieriger für uns. Sie schwindet in dem Maße, in dem sich die äußeren »Glücksmittel« vermehren. Mit dem Zuwachs dieser Mittel verändert sich unser Denk- und Wunschverhalten. Wir werden gefangen gehalten von unserem Wünschen nach Mehr-haben-Wollen, nach vermeintlich mehr Glück. Glück aber bedarf der Freiheit vom Besitzstreben. Der mit Glücksmitteln überhäufte sehnsüchtige Mensch wird zum Gefangenen seiner Mittel und damit unfähig, glücklich zu werden.

Die äußere Befreiung von unseren Besitzmitteln würde uns nicht zwangsläufig zu glücklichen Menschen machen. Unsere Vorstellung vom Glück muss sich ändern, damit wir – unabhängig von der äußeren Ausstattung unseres Lebens – Glück erfahren können. Glück beinhaltet gleichzeitig Selbstvergessenheit und Selbstgenuss. Dies befreit uns aus der Zeit und lässt uns die Sinnhaftigkeit unseres Daseins erleben.

Glück ist kein Ziel, das wir ansteuern können, es ist eine Einstellung, eine Haltung dem Leben gegenüber. Wer Glück anstrebt, verfehlt es auf jeden Fall. Deshalb erfährt unsere »Lustgewinngesellschaft« so viel Glücksverluste, denn sie schätzt den Zusammenhang von Da-Sein, Leben und Glück nur sehr gering ein. Das Glück ist eine Folge unserer Lebenshaltung, nicht aber ein zu erwirtschaftendes Besitzmittel. Glücksfähigkeit entsteht aus unserer Bereitschaft, – ohne Besitzstreben – die uns umgebende Schöpfung zu bewundern. Es hängt von unserer Fähigkeit ab, zu schauen, hinzuhorchen, unsere Sinne zu gebrauchen. Wenn wir uns hingeben an die Anschauung, dann »sehen« wir mehr als nur die äußere Gestalt. Wir blicken durch die Natur hindurch, durch einen Lebensabschnitt, in dem wir einem Menschen begegnen, und erfahren das Wesen der Natur und das Wesen dieses Menschen. Schauen können wir nur, ohne irgendwelche Ziele oder Zwecke dabei zu verfolgen. Glück, das in einer solchen Anschauung empfunden wird, enthält eine tiefe Befriedigung darüber, dass wir auch von uns selbst absehen können, und die Freude darüber, Zusammenhänge zu erkennen, Sinn zu fühlen und für eine gewisse Zeit keine Furcht mehr zu empfinden.

Glück macht uns frei von den Beschränkungen unseres Daseins. Es fällt nicht wie ein Goldregen von außen auf uns herab, sondern das Innen und Außen verbinden sich in unserem Innern.

Ein glücklicher Mensch fühlt sich »im Guten« aufgehoben und geborgen. Er lebt ohne Angst und Zwänge, ohne Wünsche oder Abhängigkeiten, die ihn in die Irre führen und an ihm zerren. Ohne Schuldgefühle, ohne innere Unruhe, ohne das Bewusstsein von Not, sondern im Erleben des Einklangs mit sich selbst und mit der Welt. Von ihm geht Wohltuendes aus und er ist auch für andere eine Quelle der Freude.

Auch wenn Glück von unerschöpflicher Vielfalt ist, zeichnet es doch Spuren, denen wir folgen können. Glücksfähigkeit lässt sich zwar nicht käuflich erwerben, aber sie ist erlernbar. Im Glücksgefühl erleben wir die Erlösung vom Gefühl der Unzufriedenheit. Wir werden befreit von unserer Unzulänglichkeit und dem Gefühl der Vergänglichkeit aller Dinge. Im kleinsten wie im größten Glück erfahren wir die Erlösung von den Begrenzungen unseres Daseins. Das ist aber nur möglich, wenn wir diese Grenzen kennen und akzeptieren. Glück ist die Gewissheit vom erfüllten Dasein unseres Schicksals, nicht die Sicherheit durch den Besitz von Glücksmitteln.

Es ist, durch seine besondere Form des »Schauens«, Einsicht und Erkenntnis, Fülle ohne Besitzangst, ausgeruhtes Wohlgefühl inmitten des Guten und Schönen. Lösen wir uns von der irrtümlichen Einstellung: Wenn wir etwas hätten, wären wir auch glücklich. Wir haben die Dinge nicht wirklich. Wir sehen sie und erkennen sie, aber nicht nur über unseren Verstand, sondern in einer Einheit von Verstand und Gefühl. Deshalb sind wir, wenn wir glücklich sind, auch unabhängig von unserem Besitzstand. Wir sind unseren äußeren Verhältnissen überlegen und frei von ihnen. Wir sind dem Zufälligen unseres persönlichen Geschicks und unserer Fähigkeiten enthoben und erleben eine überlegene Fülle unseres Daseins. Dieses Glücksgefühl hat eine völlig andere Dimension als das Rauschgefühl, das zu Realitätsverlusten führt.

Zum Glück gehört, sich »gut« und »in (der) Ordnung« zu fühlen. Diese Gewissheit ist der höchste »Besitz«, den wir erlangen können. Er macht uns glücklich, zufrieden, bringt uns in Einklang mit der Schöpfung und kann weder verloren gehen noch entwendet werden. Demnach ist Glück also eine Art der Zustimmung zu uns selbst und zu unserer gesamten Umwelt – eine Form von Liebe. »Liebe deinen Nächsten wie dich selbst«, lautet die Botschaft des Christentums. Wir wissen heute, dass die Fähigkeit, uns selbst zu lieben, die Voraussetzung dafür ist, dass wir andere Menschen lieben können.

Glück ist das Schauen von Menschen und der gesamten Schöpfung in Freude. Es ist die Liebe zu diesem Kosmos und allen seinen Geschöpfen.

Glück ist also keineswegs nur Glückssache. Es gibt Strategien, die uns dabei unterstützen, ein Glückskind zu werden. Auch wir Erwachsenen können noch so manche Weiche korrigieren, damit wir zufriedener werden. Mithilfe dieser Strategien ist endlich Schluss damit, dass einigen alles in den Schoß fällt und andere ständig leer ausgehen. Glück ist nämlich ein regelrechter Energiespender für die Seele.

Glück ist nahezu das Lebensziel aller Menschen. Dabei kann es für jeden etwas anderes bedeuten. Für den einen ist es der Umgang mit Pflanzen, für andere vielleicht das Leben mit Tieren in der Natur. Es kann aber auch ausschließlich die Musik, die Forschung, der Sport oder die Arbeit mit dem Computer sein, die einen Menschen glücklich macht. Glück ist ein sehr vielschichtiges Gefühl. Es hat mit Erfolg zu tun, mit rauschhaften Erfahrungen, mit Gut-drauf-Sein, Zufriedenheit und Lebensqualität. Die Glücksforscher bringen es auf einen einfachen Nenner: subjektives Wohlbefinden. Glück können wir nur richtig empfinden, wenn wir selbst aktiv daran beteiligt waren. »Unverdientes Glück«, wie zum Beispiel eine Erbschaft oder ein Lottogewinn, versetzt Menschen oftmals nur kurz in Hochstimmung. Der Volksmund weiß es: Geld allein macht nicht glücklich. Und ein altes chinesisches Sprichwort sagt: »Wenn du für einen Tag glücklich sein willst, dann trinke einige Gläser guten Wein. Willst du für ein paar Wochen glücklich sein, dann verliebe dich. Wenn du aber für immer glücklich sein willst, dann werde Gärtner.« Als dieses Sprichwort kreiert wurde, war der Gärtner noch kein Verkäufer im Gartencenter, sondern lebte im Einklang mit der Natur und im Rhythmus der Jahreszeiten. Das Gärtnerdasein veranschaulicht nicht rauschhafte kurzfristige Glücksmomente, sondern ein Langstreckenwohlbefinden. Nützliches Tun, körperliche Tätigkeit, die Freude über das harmonische Zusammenleben mit Pflanzen und Tieren schenkt eine lang anhaltende positive Wahrnehmung des eigenen Lebens.

Eine Umfrage im letzten Jahr ergab, dass sich 53 % aller Deutschen für Glückskinder halten. Dagegen hoffen 47 % auf bessere Zeiten. Damit belegen die Deutschen auf der Liste der 48 Nationen, die von der Rotterdamer Erasmus-Universität auf das subjektive Glücksempfinden hin befragt wurden, nur den 21. Platz. Die meisten Glückskinder gibt es in Island, dicht gefolgt von den Niederländern (Tomaten sollen angeblich glücklich machen), den Schweden und den Schweizern. Auf den allerletzten Plätzen drängen sich die Russen, Weißrussen, Nigerianer und Bulgaren. Aber vielleicht mischt da auch die viel besungene melancholische slawische Seele mit.

Untersuchungen haben gezeigt, dass glückliche Menschen meist realistisch sind, wenn es um die Einschätzung ihrer Fähigkeiten und Schwächen geht. Sie konnten sich als Kinder in vielen Tätigkeiten erfahren, ihre Grenzen entdecken, durch ihr erfolgreiches Tun Selbstbewusstsein und Selbstvertrauen erlangen. Sie leben im Hier und Jetzt und nehmen an, was auf sie zukommt. Sie brauchen sich nicht in eine Traumwelt zu flüchten. Sie freuen sich über die kleinen Glücksspender des Alltags, über einen schönen Sonnenaufgang, ein Geschenk, ein lustiges Ereignis. Aber sie können sich auch langfristige Ziele setzen und durchhalten. Glückskinder haben viele gute soziale Kontakte, einen großen Freundeskreis und sie investieren auch Zeit und Energie in diese Beziehungen.

In der Gegenwart, im Hier und Jetzt zu leben bedeutet, mit dem Leben in Berührung zu kommen. Nur im gegenwärtigen Augenblick ist Leben möglich. Befreiung, Erwachen, Freude und Glück können nur im Hier und Jetzt verwirklicht werden. Unsere Verabredung mit dem Leben ist genau da, wo wir uns gerade befinden. Die Quelle des Glücks, nach der wir uns alle sehnen, kann nur im gegenwärtigen Augenblick gefunden werden. Aus der Gegenwart zu fliehen und sich in die Zukunft zu träumen bedeutet, die Substanz wegzuwerfen und sich am Schatten festzuhalten. Wenn wir davon ablassen, der Zukunft nachzujagen, können wir erkennen, dass all die herrlichen Dinge, nach denen wir uns sehnen, bereits in diesem Augenblick zur Verfügung stehen. Das Leben ist eben kein bestimmter Ort oder ein bestimmtes Ziel, sondern es ist ein Weg. Erinnern wir uns an Hans im Glück und das Glückskind. Jeder Schritt auf diesem Weg kann uns Freude, Frieden und Befreiung schenken, wenn wir es nur wollen und ein wenig dafür tun. Zum Beispiel unsere Einstellung ändern. Dazu hören wir später noch mehr. In den gegenwärtigen Augenblick zurückzukehren bedeutet jedoch nicht, dass wir uns von den gegenwärtigen Geschehnissen fortreißen lassen. Das würde nämlich bedeuten, dass wir Spielbälle unseres Unterbewussten sind. Wir haben aus unseren Märchen gelernt, dass es darauf ankommt, waches Bewusstsein und lebendiges Unterbewusstsein wieder miteinander zu versöhnen. Beides – integriert in unsere ganze Persönlichkeit – ist nämlich notwendig, um erfüllt und glücklich leben zu können. In der buddhistischen Lehre wird davon gesprochen, dass wir, wenn wir mit dem Leben im gegenwärtigen Augenblick in Berührung kommen, das, was ist, besonders intensiv und hellsichtig betrachten können. In diesen Momenten erkennen wir die Vergänglichkeit und Selbstlosigkeit der Dinge. Das ist durchaus nichts Negatives, sondern die Basis, auf der das Leben aufbaut. Vergänglichkeit bedeutet unablässlicher Wandel aller Dinge. Ohne Vergänglichkeit kein Leben. Selbstlosigkeit bezieht sich auf die Verknüpfung und Verwobenheit aller Dinge. Wir haben darüber schon etwas unter dem Stichwort »Synchronizität« gehört. Ohne diese Verknüpfung könnte nichts existieren. Ohne die Sonne gäbe es weder die Erde noch Wolken oder Blumen. Menschen sind oft traurig, wenn sie über die Vergänglichkeit der Dinge nachdenken und damit in Berührung kommen. Wir sollten uns dann daran erinnern, dass ohne Vergänglichkeit kein Leben existieren kann. Sich darüber klar zu sein nimmt uns absolut nicht unsere Lebensfreude. Im Gegenteil: Wir gewinnen eine unabhängigere, stabilere und freiere Einstellung zu unserem Leben. Und wir lernen zu unterscheiden, welche Dinge vergänglich und welche dauerhaft sind.

Die richtige Einstellung finden

Die alten Griechen nannten das Glück »Eudämonia«, was so viel heißt wie »Gelingen des Lebens«. Ein gelungenes Leben kann der führen, der nicht an der Entwicklung seiner geistigen und körperlichen Fähigkeiten gehindert wird und sich selbst und seine Umgebung damit erfreuen kann. Etwas, was wirkliches Glück unmöglich macht, ist der neidische Blick auf den anderen und die Einstellung, dass alle es besser haben als man selbst. Im Buddhismus gibt es ein Sprichwort, das besagt: »Erwarte alles von dir, aber nichts von den anderen.« Jeder Einzelne Mensch besitzt sein individuelles Glückspotenzial. Das sind unterschiedliche Begabungen und Fähigkeiten, die körperlicher, geistiger oder emotionaler Art sein können. Unglücklich macht uns nicht, was wir nicht haben, sondern die eigenen Lebensentwürfe, nach denen wir leben. Wer sich auf ein Leben mit Höhen und Tiefen, mit Veränderungen und Wandel einlässt, hat das Glück auf seiner Seite. Der Verzicht auf das Glücklichsein wäre eine Verfehlung von erfülltem menschlichem Leben.

Ein erster Schritt könnte sein, dass Sie sich mit Ihrem Kind in unangenehmen, unglücklichen Situationen beraten oder aber, wenn es Sie selbst betrifft, mit einem anderen Erwachsenen, der Sie gut kennt. Was stört in dieser unangenehmen Situation? Und warum? Was ist zu tun, um die Situation zu ändern? Was könnte eventuell positiv daran sein? Unterstützen Sie Ihr Kind dabei, sich seine Gefühle bewusst zu machen und kreative Auswege zu finden.

Lachen ist Medizin und macht froh

Lachen hat eine anregende Wirkung auf den Blutkreislauf, die Atmung und die Sauerstoffversorgung. Besonders das Gehirn erhält dabei viel Sauerstoff. Es hemmt die Ausschüttung von Stresshormonen und stärkt das Immunsystem. Lachen setzt Endorphine frei. Das sind natürliche Schmerzmittel des Körpers und es beeinflusst äußerst positiv unsere Gemütsverfassung durch die angeregte Produktion von Glückshormonen. Lachen ist außerdem wie Kopfjogging. Hunderte von Muskeln werden dabei bewegt.

Da Glück ein innerer Zustand ist, können wir theoretisch in jeder Situation glücklich sein. Es hängt ganz von unserer Sichtweise der Welt ab. Geld zu haben bedeutet nicht automatisch, Glück zu haben. Nur unsere Einstellung zum Schicksal entscheidet darüber, ob wir uns auf die Seite der Pechvögel oder der Glückskinder schlagen. Wenn man natürlich an allem zweifelt, muss es ja schief gehen. Jeder Mensch, der ein Glückskind sein will, muss für sich herausfinden, was ihn wirklich zufrieden macht. Schärfen Sie Ihre Sinne, und Sie werden spüren, was Sie für sich wollen, und sehen, was für Ihre anderen Familienmitglieder von Bedeutung im Leben ist. Eine weitere Voraussetzung zum Glücklichsein ist die Selbstannahme. Wir lernen sie leichter, wenn wir uns als Kinder angenommen fühlten – so wie wir sind. Es als Erwachsene neu zu lernen ist nicht immer ganz leicht. Denn dazu gehört auch, dass wir uns in unserem eigenen Körper wohl fühlen, auch wenn er nicht dem aktuellen Schönheitsideal entspricht. Wir sprachen auch schon darüber, dass Glückskinder nicht in der Vergangenheit verharren. Sie leben in der Gegenwart. Auch das gehört zur Änderung der Einstellung. Und der Mut, Dinge, die einen stören, zu verändern. Worte und Gedanken verfügen über eine spirituelle Kraft. Wenn wir ständig negative Gedanken entwickeln, pessimistisch und jammernd durchs Leben gehen, vergiften wir auf Dauer unsere Seele und schwächen unsere eigene Energie. Es gibt eine uralte Weisheit, die heute in mancher modernen Zeitschrift zum Thema »Glück« wieder auftaucht.

Sie ist so einfach und doch so wirksam. Wenn Sie etwas tun, dann konzentrieren Sie sich ganz auf die Sache. Gleichgültig ob im Beruf oder zu Hause. Geben Sie sich der Tätigkeit hin. Verscheuchen Sie alle gehetzten Gedanken, sondern bleiben Sie im Hier und Jetzt. Diese Weisheit findet man in vielen alten Büchern. Dort heißt es: »Es ist völlig gleichgültig, was du tust, wichtig ist, in welchem Geist du es tust.« Damit ist gemeint, dass auch Staubsaugen oder Gemüseputzen inneren Frieden und Zufriedenheit bewirken können, wenn wir total in der Beschäftigung aufgehen. Glücksforscher heute nennen das ein »Flow«-Feeling. In diesem Zustand hat man Zugang zu sehr viel Energie. Passives Herumsitzen oder zu viel Fernsehen stiehlt uns diese Energie und damit auch das tiefe Gefühl von Zufriedenheit.

Mut machen zum Leben

Nichts wünschen wir uns mehr, als dass wir und unsere Familienmitglieder glücklich sind. Manchmal ist Glück ganz einfach nur die Abwesenheit von Unglück, zum Beispiel ein Tag ohne einen Asthmaanfall bei einem asthmakranken Kind.

Als Eltern ist es unsere Aufgabe, unsere Kinder zu lieben, sie zu achten, gut zu ernähren, ihnen Lernangebote zu machen, sie vor Gefahren zu schützen, zu trösten und bei Misserfolgen Mut zum erneuten Versuch zu machen. Aber das Glück müssen Kinder sich allein suchen.

Wenn sie erleben, dass sich die Eltern dafür zuständig fühlen, verlieren sie Mut und Tatkraft für ihr Leben. Sie verfallen dem Irrtum, dass schicke Klamotten, Reisen, Konsumieren schlechthin für Glück stehen. Auf diese Weise werden sie niemals in der Lage sein, selbstverantwortlich ihr Leben zu gestalten. Kinder brauchen ein gewisses Maß an Frustrationen und Verzichtserleben, damit ihre Kraft gegenüber Schwierigkeiten wachsen kann. Natürlich sollten die Frustrationen angemessen sein. Nur so viel, wie das Kind wirklich verkraften kann, um daran zu wachsen und nicht zu zerbrechen. Das bedeutet nicht, dass wir ihnen Streit, Einsamkeit, Zukunftsangst oder Angst um die Trennung der Eltern einfach zumuten dürfen. In diesen Bereichen sind sie überfordert, und es entsteht kein Mut, sondern der

Rückzug aus der positiven Auseinandersetzung mit dem eigenen Leben.

Machen Sie Ihrem Kind Mut zum Leben. Nicht der Mangel an Freiheit, Reichtum, Schönheit oder Erfolg macht unglücklich, sondern die Unfähigkeit, diesen Mangel durch eigenes Handeln auszugleichen. Dazu gehört auch, die Aufmerksamkeit auf das zu richten, was da ist, und nicht gebannt darauf zu starren, was man nicht hat oder was einem versagt wurde. Leider stehen Dankbarkeit und Zufriedenheit heute nicht mehr sehr hoch im Kurs. Und trotzdem sind auch sie Schlüssel zum Glück. Dazu gehört eben auch, die kleinen Dinge des Alltags – im Hier und Jetzt – zu genießen und sich an ihnen zu erfreuen.

Wer ein glücklicher, zufriedener Mensch werden will, muss schon früh üben. Wir müssen zwar alle unser ganzes Leben lang dazulernen, Altes ablegen und Neues annehmen, aber die Art und Weise, wie wir an die Aufgaben des Lebens herangehen, wird schon von Beginn unseres Lebens an geprägt. Manchmal so tief, dass sie sich nur mühsam korrigieren lässt.

Damit Kinder – und Erwachsene – ihr Leben mutig und tatkräftig in die Hand nehmen können, brauchen sie Selbstbewusstsein, die Überzeugung, dass sie auch unabhängig von Leistungen einen Wert haben, und Vertrauen in sich und ihre Umwelt. Das alles entsteht auf der Grundlage von Liebe – von Anfang an.

Mut zum Leben entsteht, wenn Kinder das Gefühl haben, dass sie akzeptiert und ernst genommen werden.

Die Kraft für sein Leben erhält der Mensch vom ersten Tag seines Lebens an. Lassen wir einmal die körperliche Versorgung, Ernährung und Pflege beiseite. Am Anfang der menschlichen Entwicklung steht das unmittelbare Bedürfnis nach Nähe, Wärme, Körperkontakt, Umsorgtwerden und Geborgenheit. Nur auf dieser Grundlage kann sich das Vertrauen entwickeln, das eine Voraussetzung ist, um ein »Glückskind« zu werden. Die Fähigkeit zur unmittelbaren sinnlichen Körperwahrnehmung sollte dem Menschen erhalten bleiben, damit er später die Welt nicht nur gefiltert durch sein Denksystem wahrnehmen kann. Kinder erleben die Welt und die Menschen über ihre unmittelbare sinnliche Wahrnehmung. Das körperlich-sinnliche Erleben wirkt stimulierend auf die gesamten Entwicklungsprozesse des Kindes, und zwar nicht nur im körperlichen Bereich, sondern es unterstützt die Hirnreifung, die Entwicklung des Gleichgewichtssinn, die Ausreifung aller Sinne, und letztendlich prägt es auch die Beziehung des Menschen zu seiner Umwelt. Wer viel körperlich-sinnliche Erfahrungen sammeln durfte, bleibt im Fluss des Lebens. Er geht eher neugierig und vertrauensvoll auf alles Neue zu, empfindet Lebensfreude und Vitalität.

Emotionale Kompetenz erwerben

Auch die Differenzierung und Fülle der Gefühle werden durch die offene, neugierige Haltung gegenüber der Welt und den Menschen bereichert. Und Gefühle sind nun einmal, neben den Gedanken, das zweite wichtige Mittel zur Verarbeitung von Informationen. Gefühle begleiten uns unser ganzes Leben lang. Und nicht nur das: Sie können unser Leben auch so dominieren, dass wir ihnen völlig ausgeliefert sind und uns dadurch in unserer Entwicklung blockieren. Zum Beispiel Angstgefühle, Verlassensängste, Angst vor Nähe oder Eifersuchtsgefühle.

Jedes Erlebnis ist mit Gefühlen verbunden. Sie geben uns Auskunft über die Bedeutung eines Ereignisses, einer Person oder verschiedener Aktivitäten. Die Wahrnehmungsfähigkeit unserer Gefühle ist ungeheuer wichtig, um im Leben bestehen zu können. Viele Menschen haben im Laufe ihrer Entwicklung ihre Gefühle ignoriert, unterdrückt oder vermieden. Sie haben sie abgedrängt ins Reich der Schatten und dort lauern sie als gefährliche Zeitbombe. Denn unterdrückte Gefühle brechen eines Tages explosionsartig auf und sind dann kaum zu kontrollieren.

Meistens wird der Mensch aber vorher krank. Die Fähigkeit, die eigenen Gefühle wahrnehmen zu können, kann auch verloren gehen, wenn wir als Kinder kaum Vertrauen entwickeln konnten, sondern Unsicherheit erfuhren und ausgelacht oder bestraft wurden, wenn wir zu heftige Gefühle zeigten. Das Abgeschnittensein von den Gefühlen verhindert auch, dass wir positive Lebensgefühle entwickeln können. Lebensglück, Lebensfreude, Lebenslust können nicht mehr richtig wahrgenommen werden. Und das macht uns letztendlich mutlos und kraftlos.

Alle Gefühle haben ihren Sinn und sind somit »in Ordnung«. Lebensfreude und Lebensglück sind Teile der enormen Palette menschlicher Gefühle. Ein unentwegt glückliches Leben ist nicht möglich. Auch Hans im Glück hatte seine Schicksalsschläge einzustecken. Glück kann man nur dann empfinden, wenn man auch seinen Gegenpart kennt, nämlich Unglück. In ihrem Gegensatz und ihrem Kontrast entfalten diese Inhalte erst ihre besondere Wirkung. Schwarz–Weiß, Mann–Frau, Leben–Tod gehören zusammen und ebenso Gefühle wie Freude–Trauer, Glück–Unglück, Furcht–Mut. Die gesamte Bandbreite an Gefühlen entsteht durch die Mischung der Grundgefühle Wut, Trauer, Furcht, Freude und Ekel. Wenn wir unseren Kindern Mut zu einem aktiven, verantwortungsbewussten, lebendigen Leben machen wollen, können wir ihnen nicht nur Lebensfreude und Lebensglück wünschen und versuchen, ihnen die »negativen« Gefühle zu ersparen. Nur im Kontrast zu Unglück ist Glück erlebbar. Ich erinnere nochmals an das Beispiel der jungen Frau, die immer Glück hat und gleichzeitig ein Missgeschick erlebt. Sie ist aber in der Lage, beide Gefühlszustände bewusst und intensiv zu empfinden. Alle Gefühle sind zunächst einmal zulässig, und zwar so, wie sie sind. Wenn ich sie wahrnehmen kann, mir zutraue, sie auch zu leben, ihnen Raum gebe, führt das zu einer zusätzlichen Vitalisierung des Lebens und Erlebens. Diese Energie steht dann zur Bewältigung des Lebens zur Verfügung. Sie kann »benutzt« werden und muss nicht, abgeschnitten vom Leben, ein Schattendasein führen. Nur wer »negative« Gefühle bewusst erlebt, kann danach wieder »heil« werden.

Gefühle unterliegen Lernprozessen. Etwas, wovor das Kind sich nie gefürchtet hat, kann in der Koppelung mit einer Person oder einem Ereignis durchaus zu einem Angstgefühl werden. Erwachsene versuchen zwischen berechtigter und unberechtigter Angst zu unterscheiden. Das können Kinder aber noch nicht. Deshalb ist es wichtig, die Gefühle der Kinder ernst zu nehmen, in der inneren Einstellung dazu genauso wie im verbalen Ausdruck. Wenn wir sagen: »Aber davor brauchst du doch wirklich keine Angst zu haben«, fühlt sich das Kind mit seinem Gefühl nicht ernst genommen. Es speichert eher die Informationen »Ich darf nicht ängstlich sein« oder »Meine Angst ist schlecht«. Sinnvoller wäre es zu antworten: »Du hast Angst. Das kann ich gut verstehen. Lass uns doch mal überlegen, was du tun kannst, damit du mit der Angst zurechtkommst.« Durch die präzise Benennung des Gefühls, kann das Kind die Fähigkeit, Gefühle wahrzunehmen und zu benennen, stärken.

Schwierig wird es allerdings, wenn wir selbst bestimmte Gefühle nicht akzeptieren. Wenn wir sie vermeiden, sie uns ängstigen oder ärgern, können wir sie auch schlecht bei anderen Menschen oder unseren Kindern ertragen. Da hilft nichts, da müssen wir uns erst selbst auf die Spur kommen, was die Ursache dafür ist, dass wir es zum Beispiel nicht ertragen, wenn jemand hilflos und ängstlich ist oder dauernd jammert. Kindern zu ermöglichen, dass sie ihre starken Gefühle ausleben, wahrnehmen und benennen können, bedeutet, Kinder stark zu machen. Starke Gefühle machen durch die frei werdende Energie stark. Ein lebensfrohes Kind strahlt mit seiner positiven Energie auf seine Umwelt zurück. Es lacht und singt und hüpft und erzählt. Wenn es mit der gleichen Intensität auch trauert oder wütend reagiert, ist es für die Eltern allerdings weniger einfach.

Trotzdem sollten Sie Ihrem Kind nicht verbieten, seine starken Gefühle zu zeigen. Sie würden sonst die vitale Lebensenergie des Kindes beschneiden. Versuchen Sie, dem Kind einen Rahmen zu bieten, in dem seine Gefühle Platz haben, ohne dass Sie selbst oder andere über Gebühr strapaziert werden. Fatal wäre es, sich über die Gefühle lustig zu machen oder das Kind gar dafür zu verurteilen.

Für Kinder ist es manchmal hilfreich, die starken Gefühle dadurch zu verarbeiten, dass sie mit einer Puppe oder einem Teddy oder sogar mit einem Haustier darüber sprechen. Die Puppe oder das Kaninchen hört geduldig zu, ohne zu verurteilen, und das Kind kann das, was es wütend oder traurig gemacht hat, veräußerlichen und damit loswerden.

Auch Schüchternheit ist ein starkes Gefühl, das den Betreffenden stark belastet und den Mut zum Leben stark beeinträchtigt. Schüchterne Kinder – und auch Erwachsene – möchten vor vielen Dingen am liebsten davonlaufen, sich verstecken oder unsichtbar sein. Sie haben kaum Selbstbewusstsein, sondern sind ängstlich und unsicher. Im Laufe ihres Lebens lernen sie, vielen Situationen und Menschen aus dem Wege zu gehen. Ihr Verhalten ist von Vermeidungsstrategien geprägt. Schüchterne Menschen haben ein Bild von sich selbst, das von Selbstzweifel, Selbstwertverlust und Zweifel an den eigenen Fähigkeiten gekennzeichnet ist. Durch kleine Lernschritte, in denen Sie Ihr Kind mit der Wirklichkeit konfrontieren und es ermutigen, sich nach und nach der Situation zu stellen und nicht wegzulaufen, gewinnt es allmählich größere Selbstständigkeit und Sicherheit. Unterstützung bedeuten die Botschaften »Ich traue dir das zu« oder »Komm, wir machen das gemeinsam«.

Jeder Mensch hat einmal Angst in seinem Leben. Für ein Kind ist die Botschaft wichtig: »Ich darf Angst haben und brauche mich nicht dafür zu schämen.« Ganz gleichgültig, ob sich die Angst auf die Begegnung mit dem großen Hund des Nachbarn bezieht oder auf das allabendliche Auftauchen des Monsters im Kleiderschrank. Sprechen Sie mit Ihrem Kind über seine

Angst. Lassen Sie sich das Objekt der Angst genau beschreiben. Fragen Sie Ihr Kind, wann die Angst nicht so groß ist, was die Angst kleiner werden lässt. Wann hat sie angefangen? Was war da passiert?

Durch Ihre Anteilnahme wird das Kind ermutigt, sich mit dem Problem auseinander zu setzen. Das ist meist schon der erste Schritt zur Lösung. Sie können Ihr Kind aber auch unterstützen, indem Sie sagen: »Komm, wir machen das gemeinsam. Ich bin bei dir.«

Auch Erfolgserlebnisse und das Erfahren der eigenen Fähigkeiten, unabhängig von der aktuellen Angst, verschaffen dem Kind mehr Vertrauen und Sicherheit. Kämpfen Sie spielerisch mit dem Kind und übernehmen Sie den Part der Angst; lassen Sie sich vom Kind besiegen.

Ist Ihr Kind sehr ängstlich und zeigt wenig Mut, dann überprüfen Sie Ihre eigenen Ängste. Vielleicht sind sie in Ihr Unterbewusstsein abgeglitten. Kinder von ängstlichen Eltern haben erfahrungsgemäß mehr Ängste als andere Kinder.

Kindern Vertrauen schenken

Kindern Vertrauen entgegen zu bringen bedeutet, ihnen etwas zuzutrauen. Nur so kann ein Kind lernen, Selbstvertrauen zu entwickeln. Halten Sie sich, wann immer es angebracht ist, zurück, damit das Kind einen eigenen Raum für seine Handlungen findet. Wenn es allein nicht zurechtkommt, bieten Sie vorsichtig Hilfestellung an.

Aktiv zuhören

Eine andere Möglichkeit zum Mutmachen ist das aktive Zuhören. Kinder erfahren dabei, dass sie wichtig sind, dass sie die Zuwendung wert sind. Sie erfahren Akzeptanz, Angenommensein und Liebe. Außerdem können so Schwierigkeiten und Probleme bewusst gemacht werden. Durch das Nach-außen-Tragen werden manche Probleme sogar schon gelöst.

Aktives Zuhören bedeutet:

Ich konzentriere mich auf das, was das Kind sagt. Ich bin »ganz Ohr«.

Ich lasse dem Kind Zeit, die Dinge so auszudrücken, wie es seiner Art entspricht. Ich unterbreche es nicht ungeduldig.

Wenn ich etwas nicht verstanden habe, frage ich nach.

Ich versuche, die Dinge in meinen eigenen Worten noch einmal zusammenzufassen.

Ich halte Blickkontakt, bin dem Kind mit dem Körper zugewandt und ermuntere es durch Lächeln und Kopfnicken. Die Botschaft dieser Körpergebärden lautet: »Ich bin ganz für dich da.«

Ich halte mich mit eigenen Beurteilungen und Bewertungen zurück und versuche herauszufinden, wie das Kind die Sachlage beurteilt.

Ich bleibe beim Thema des Kindes und assoziiere nicht andere Situationen. »Das hat Onkel Klaus als Kind auch erlebt.«

Sorgen Sie dafür, dass Sie bei Ihrem Gespräch nicht gestört und unterbrochen werden.

Achten Sie auf die Körpersprache des Kindes. Manchmal werden dadurch noch zusätzliche Botschaften »ausgesprochen«.

Haben Sie entsprechende Botschaften aufgefangen, lassen Sie Ihren Eindruck vorsichtig in das Gespräch mit einfließen: »Kann es sein, dass ...« oder »Das hört sich so an, als ob ...«.

Eltern spüren meistens ganz genau, wann ein Kind in einer starken Gefühlsanspannung das Gespräch sucht oder aber noch nicht so weit ist und ein Gespräch ihm zu »nahe« gehen könnte. Indem Sie sich zurückhalten, zeigen Sie dem Kind, dass Sie ihm vertrauen und zutrauen, selbst mit dem Gefühl umgehen zu können und eine Lösung zu finden.

Kindern aktiv zuzuhören stärkt diese nicht nur in ihrer Fähigkeit, das Leben zu meistern, sondern bietet außerdem Gelegenheit zu vielen vertrauensvollen, intensiven Gesprächen. Das ist eine gute Basis für die schwierige, »sprachlose« Zeit in der Pubertät.

Lebensfreude ist ein sehr starkes, vielschichtiges Gefühl. Es ist umso intensiver, je mehr alle anderen Gefühle, auch die, die im Kontrast zur Lebensfreude stehen, ebenfalls einen Platz finden. Manchmal – in bestimmten Situationen – führt der Reichtum an Gefühlen zu der Frage nach dem Sinn des Lebens, dem eigenen persönlichen und dem vielleicht übergeordneten. Diese Frage stellt sich sehr häufig in Zeiten tiefen Leids und großer Schmerzen. Diesen Fragen auszuweichen heißt, das Ziel zu verfehlen. Ihnen zeitweise auszuweichen, aus Angst, ist menschlich.

Glück und »Flow«

In der Vergangenheit war es für die Menschen leichter, einen Lebenssinn zu finden, denn die Inhalte waren durch Gesellschaft, Religion und Glauben vorgegeben. Der Rückzug dieser vorgegebenen Lebensinhalte schafft für jeden Einzelnen einen Freiraum, der durch eigene Entscheidungen gefüllt werden muss, damit das Leben nicht »leer« bleibt. Geschieht dies nicht, entsteht eine unerträgliche Leere, die uns unzufrieden und unglücklich macht und auch mit Geld und Konsum nicht ausgefüllt werden kann.

Amerikanische Glücksforscher haben intensiv die Bedingungen erforscht, die dazu führen, dass Menschen intensive Glücksgefühle erleben. Sie haben dafür den Begriff »Flow« geprägt. Danach ist eine wesentliche Bedingung für intensive Glücksgefühle, dass man sich realistische Ziele im Leben setzt, die den eigenen Fähigkeiten entsprechen, aber noch ein Quantum an

Herausforderung enthalten, sodass der Prozess des Erreichens der Ziele nicht langweilig wird.

Für diese selbst gewählten Ziele muss man sich dann aber auch bedingungslos einsetzen und sie mit aller Hartnäckigkeit verfolgen. Im Verlauf der Zeit und im Zuge des eigenen Handelns entsteht ein intensives Glücksgefühl, das fast rauschhafte Züge hat: Man könnte »platzen vor Glück«. Ich möchte noch einmal an Hans im Glück erinnern, der zum Schluss ekstatisch ausruft: »Ich bin der glücklichste Mensch unter der Sonne!« Dieses Glücksgefühl oder der Flow verursacht, dass der Mensch immer weitermachen möchte. Er erhält eine ungeheure Energie, die ihn im Positiven »antreibt«, sich immer neue Ziele zu suchen. Der Weg – dieser Prozess – ist dabei genauso wichtig wie das Ziel selbst. Nach Aussagen der Glücksforscher geht mit dem Flowgefühl noch ein anderes Gefühl einher: ein tiefes Gefühl von Dankbarkeit gegenüber dem Schicksal. Die Anstrengung zuvor ist aber die Voraussetzung für das Glücksgefühl.

Spielerisches Lernen bei Kindern läuft nach einem ähnlichen Muster ab. Kinder suchen sich eine Aufgabe, die etwas über ihrem bisherigen Fähigkeitsgrad liegt (sonst ist es langweilig), aber ohne sich damit zu überfordern. Im Spiel entwickeln sie gleichzeitig neue Fertigkeiten und Fähigkeiten. Misserfolg oder Frustration wird durch immer neue Versuche überbrückt. Die intensive Freude über das eigene Handeln können Sie Kindern vom Gesicht ablesen. Die Fähigkeit zur unmittelbaren Lebensfreude und zum unmittelbaren Spaß am Tun ist bei Kindern noch nicht verloren gegangen. Wir können als Erwachsene diese Fähigkeit bei Kindern unterstützen und sie vielleicht dabei wieder für uns selbst neu entdecken.

Suchen wir uns doch als Erwachsene wieder vermehrt Ziele, die uns herausfordern, etwas neu zu lernen, damit wir unsere intensiven Glücksgefühle wieder herstellen können. Wenn wir die Kinder gemäß ihrem eigenen Entwicklungstempo tätig sein lassen, ermöglichen wir ihnen viele Flowerlebnisse. Wichtig dabei ist nicht, was man konkret tut, sondern dass man mit Aufmerksamkeit und Konzentration bei der Sache ist und dass man sich weder unter- noch überfordert. Unterforderung führt zur Langeweile und Überforderung zur Frustration. Das beinhaltet, dass Kinder die Fähigkeit entwickeln müssen, Frustration, Langeweile und Enttäuschung für eine Weile auszuhalten. Wir sollten sie daher nicht vor diesen Erfahrungen bewahren wollen. Wer nicht in der Lage ist damit umzugehen, kann auch nicht das intensive Lebensglück empfinden.

Ohne Liebe kein Leben

Jeder Mensch braucht Liebe, Achtung, Wertschätzung und Anerkennung. Dieses Bedürfnis ist genauso wichtig wie Essen, Trinken und Schlaf. Liebe lässt sich durch vielerlei Verhalten ausdrücken: durch zärtlichen Körperkontakt, durch liebevolle Zuwendung, Gespräche, Zuhören, Trösten, An-den-anderen-Glauben und vieles mehr. Leider ist das manchmal mit der Liebe gar nicht so einfach. Tief eingeprägte Einstellungen hindern uns oft daran, Liebe zu geben und Liebe annehmen zu können. Aber auch gesellschaftliche Entwicklungen hindern uns Menschen oft an einem liebevollen Glück in der Welt.

Schon Dostojewski wies darauf hin, dass das Bibelwort »Liebe deinen Nächsten wie dich selbst« wahrscheinlich andersherum zu verstehen ist, nämlich dass man den Nächsten nur lieben kann, wenn man sich selbst liebt. Ein Mensch, der wenig Selbstwertgefühl besitzt und kaum Selbstvertrauen, der zweifelt auch an seinen Fähigkeiten und an der Wertschätzung durch andere. Jemand, der sich selbst nicht liebenswert findet, sich also selbst nicht liebt, der ist niemals in der Lage, einen anderen Menschen zu lieben. Das, was angeblich Liebe sein soll, ist Dominanz, Machtstreben, Abhängigkeit oder Hörigkeit. Ja, es geschieht so das Paradoxe, dass ein Mensch, der sich selbst für liebensunwürdig hält, unbewusst denjenigen, der ihm seine Liebe erklärt, für unwürdig erklärt. Das geht doch nicht an, dass jemand einen liebt, der gar keine Liebe verdient! Mit dessen Innenleben kann doch etwas nicht stimmen, da liegt doch sicher ein Charakterdefekt vor!

Der Psychologe Laing hat diese Haltung präzise und knapp formuliert:

»Ich achte mich selbst nicht.
Ich kann niemanden achten, der mich achtet.
Ich kann nur jemanden achten, der mich nicht achtet.
Ich achte Jack, weil er mich nicht achtet.
Ich verachte Tom, weil er mich nicht verachtet.
Nur eine verächtliche Person kann jemanden so Verächtlichen
wie mich achten.
Ich kann niemanden lieben, den ich verachte.
Da ich Jack liebe, kann ich nicht glauben, dass er mich liebt.
Wie kann er es mir beweisen?«

(aus: »Knoten«, R. Laing)

Durch diese Haltung geprägt, verliebt sich der Betreffende fast immer in hoffnungsloser Weise, damit es zu keiner Erfüllung in der Beziehung kommt. Dass ein solcher Mensch nicht wirklich glücklich werden kann, liegt auf der Hand.

Nichts liefert uns so viele Einsichten über uns selbst wie der liebende Umgang mit anderen Menschen. Wie leben wir die Botschaft »Liebe deinen Nächsten wie dich selbst«? Im Kampf gegeneinander sind Glückserlebnisse nicht möglich. Das gilt für Kinder und Eltern genauso wie für Mann und Frau in der Partnerschaft. Ich denke, die Einsamkeit unserer Zeit, die als Freiheit, Selbstbestimmung und Selbstverwirklichung »verkauft« wird, ist mitverantwortlich dafür, dass wir den liebenden Umgang mit anderen Menschen so reduziert haben und uns damit etwas vom Weg ins Glück haben abbringen lassen.

Die sieben Wege zum Glück

Für das Glück müssen wir uns öffnen. Das heißt, wir müssen lernen, uns so wahrzunehmen, wie wir wirklich sind. Wir müssen auch lernen, wo wir selbst verhindern, dass wir Glück empfinden, und dadurch fähig werden, unser Schicksal in die Hand zu nehmen und zu meistern.

Philosophen und Weise haben in den letzten Jahrhunderten über die Gesetzmäßigkeiten des Glücks geschrieben. Sie lassen sich als die folgenden sieben Wege zum Glück formulieren.

1. Alles im Leben ist ein Spiegel.
2. Niemand ist ein Opfer.
3. Was man glaubt, wird wahr.
4. Jeder bekommt, was ihm entspricht.
5. Ändern kannst nur du dich selbst.
6. Alles ist eine Übung.
7. Das Glück ist jetzt.

1. Alles im Leben ist ein Spiegel.

Sicher kennen Sie dieses Gesetz bereits. Es besagt, dass wir im anderen nur das sehen, was wir in ihn hineinprojizieren. Das bedeutet, dass Leute, die uns scheinbar ärgern, nur etwas von uns widerspiegeln, etwas, das diesen Ärger ausgelöst hat. Aber auch die Betrachtung von Bildern oder Landschaften und die Wirkung auf uns spiegeln etwas von uns wider. Besonders gut werden unsere eigenen Eigenschaften von Menschen widergespiegelt, die uns auffallen. Das kann eine furchtbar umständliche Bankbeamtin sein, die unsere Geduld übermäßig strapaziert, eine überhöfliche, sich fast anbiedernde Nachbarin oder ein Kunde, der sich beim Einkauf rücksichtslos vordrängt.

Albert Einstein sagte einmal: »Lächle in die Welt und die Welt lächelt zurück.« Sie haben das sicher auch schon selbst erfahren. Wenn Sie mit schlechter Laune und muffigem Gesichtsausdruck auf die Straße gehen, schauen Sie in lauter muffige Gesichter und werden kaum gegrüßt. Haben Sie aber richtig gute Laune, ein strahlendes Lächeln im Gesicht, dann erblicken Sie plötzlich auch bei den anderen lächelnde Gesichter. Sie können durch Ihr Lächeln andere direkt verwandeln. Der Dalai Lama sagt: »Wir können nur das bewirken, was wir in uns selbst bewirkt haben.« Das bedeutet auch, dass derjenige, der in sich selbst chaotisch ist, sich über Unordnung in seinem Leben nicht zu wundern braucht. Wer mit sich selbst keinen inneren Frieden geschlossen hat, der wird auch keinen Frieden nach außen tragen. Anders herum: Wer Ordnung und Frieden in sich geschaffen hat, für den ordnet sich auch das Leben in Frieden.

Der chinesische Philosoph Laotse sagte einmal: »Wenn du wünschst, dass andere dir glauben, musst du lernen, dir selbst zu glauben. Wenn du wünscht, dass andere dich achten, lerne dich selbst zu achten.« Wenn wir also meinen, andere würden uns nicht achten, liegt der Grund oft darin, dass wir uns selbst nicht achten, sondern für unfähig und wertlos halten. Die anderen spiegeln das nur wider.

Die anderen sind also unser Spiegel. Wir können in ihnen unsere guten und unsere schlechten Eigenschaften wiedererkennen. Durch diese Einsicht erfahren wir etwas über uns selbst und über das, was uns daran hindert, glücklich zu werden.

Wenn wir zum Beispiel einen Menschen aggressiv nennen, dann sagen wir damit etwas über unsere eigene Aggressivität aus. Was immer wir über andere sagen, sagen wir eigentlich über uns selbst. Wir benutzen den anderen als Projektionsfläche, und unser Verstand formt sich sein Bild nach unseren Eigenschaften – den guten wie den schlechten. Das äußere Bild, das sich uns darstellt, wird damit zu unserem Spiegelbild. Was immer uns auch begegnet, ist das, was wir an Zustimmung oder Ablehnung hineinlegen. Deshalb können wir auch nicht objektiv erleben. Die gleiche Begebenheit, von mehreren Menschen beschrieben, klingt dann wie viele verschiedene Begebenheiten. Unser Schicksal gestaltet sich daher von dem, was wir empfinden, und nicht von dem, was wir scheinbar »objektiv« erleben. »Nimm es als ein Vergnügen und es ist ein Vergnügen, nimm es als Qual und es ist eine Qual«, sagte schon Sokrates.

2. Niemand ist ein Opfer.

An der Universität von Illinois stellte der Psychologieprofessor Ed Diener 10 000 Studenten folgende Fragen:

Wer, glauben Sie, ist schuld daran, wenn Ihr Leben nicht so verlaufen ist, wie Sie es sich vorgestellt haben?
An wem liegt es im Alltag am häufigsten, wenn Sie unzufrieden sind?

Auf die erste Frage wurden am häufigsten die Eltern, die Gesellschaft, Trennungen und übel wollende Partner genannt. Die häufigsten Nennungen auf die zweite Frage waren Partner, Chef, Verwandte und Nachbarn.

Das Ergebnis der Untersuchung zieht das Fazit, dass wir umso unglücklicher sind, je öfter wir denken, dass andere die Verantwortung für unser Leben tragen und nicht wir selbst. Denn nicht diejenigen, die viel Pech haben, sind unglücklich, sondern diejenigen, die lange Erklärungen dafür suchen und die »Schuld« anderen zuweisen. Es gibt Leute, die wirklich vom

Schicksal gebeutelt werden und trotzdem einen heiteren Eindruck machen. Die Erklärung dafür ist, dass sie nicht mit der Vergangenheit hadern. Sie fühlen sich nicht als Opfer von ihren Eltern, der Verwandtschaft oder der Gesellschaft, sondern als selbstverantwortliche Gestalter ihres Lebens. Sie sehen nach vorn, gestalten ihr Leben und nach Niederlagen stehen sie wieder auf. Psychologen sind sich einig: Das ist keine angeborene Gabe, sondern lediglich Ansichtssache – eine Denkgewohnheit. Und Gewohnheiten lassen sich ändern, selbst wenn sie schon fest eingefahren sind. Warum gibt es so wenig glückliche Menschen in unserem Land? Tatsache ist, dass die Einstellung, sich als Opfer unbeeinflussbarer Entscheidungen zu fühlen, das Glücksgefühl hemmt. Aber von dieser Einstellung kann man sich befreien. Entscheidend ist, dass wir aufhören, uns selbst zu bemitleiden, und alles, was uns passiert, als etwas begreifen, das uns in unserer Entwicklung weiterhilft. Eine Krise, ausgelöst durch ein Unglück, macht uns klar, worauf es wirklich in unserem Leben ankommt. Eine Krise ist eine Chance, die Weichen neu zu stellen und das, was verkehrt gelaufen ist, zu korrigieren. Der entscheidende Schritt ist aber, die Rolle des Opfers abzulegen. Dann bekommen wir neue Energien, und wir sehen, dass jedes Ereignis einen Sinn für uns hat. Dadurch können wir jedes Erlebnis annehmen, ohne jeweils einen Sündenbock dafür zu suchen. Durch diese Sichtweise wird alles, was uns passiert, zu einem Anstoß für unsere weitere Entwicklung. Wie wir unser Leben führen, ob wir inneren Frieden und Glück finden, das hängt ganz davon ab, ob wir die Verantwortung für die Ereignisse in unserem Leben selbst übernehmen.

Für diese These spricht eine Untersuchung des Psychologen Andrew Oswald von der britischen Warwick University. Danach wurden von 82 % der Befragten Schicksalsschläge im Rückblick als positive Wendepunkte in ihrem Leben bezeichnet. Wer in eine schwere Krise gerät, der merkt, worauf es in seinem Leben wirklich ankommt, und erhält die Chance, die Weichen neu zu stellen. Viele Menschen kommen erst dadurch aus der passiven Opferrolle heraus in die Aktivität und Selbstbestimmung. Es lähmt, sich als Opfer der Erziehung zu fühlen, von Launen des Partners abhängig zu sein oder dem Schicksal zu grollen. Besser ist, sich zu fragen, wozu das gut sein könnte, was mir da gerade widerfährt. Wie kann ich das Problem lösen? Je mehr wir lernen, die Ereignisse in unserem Leben als Lernangebote zu betrachten, desto größere Chancen haben wir, unseren inneren Frieden zu finden und glücklich zu sein.

3. Was man glaubt, wird wahr.

Glücksforscher behaupten, alles, was wir uns wünschen, gehe in Erfüllung. Aber warum sind dann nicht alle Menschen reich und glücklich und haben Partner, die sie lieben? Das wünscht sich doch wohl jeder – oder nicht? Die Forscher behaupten: Nur die unbewussten Wünsche wirken. Und die können uns oftmals einen Streich spielen, sodass wir uns selbst im Wege sind. Es gibt aber Methoden, wie man diese unbewussten Kräfte erkennen und verändern kann.

So meint der bekannte Psychologe Martin Seligman, dass wir uns vielleicht oberflächlich nach Reichtum, Schönheit, Liebe und Gesundheit sehnen, im Unbewussten aber ein ganz anderes Programm abläuft. Wir meinen zwar, wir wünschten uns Reichtum, aber unbewusst denken wir, dass Reichtum hartherzig macht. Wir sehnen uns nach Liebe, aber im Unterbewusstsein sind wir fest davon überzeugt, dass wir sie gar nicht verdient haben. Wir wünschen uns bewusst vielleicht Gesundheit, aber unser Unterbewusstsein ist der Meinung, dass wir als Kranker viel mehr Zuwendung von anderen Menschen erhalten. Nicht unsere bewussten Wünsche erfüllen sich also, sondern die unbewussten, führt Seligman weiter aus. Wir werden von Überzeugungen und Glaubenssätzen gesteuert, über die wir uns kaum im Klaren sind. Auch der Familientherapeut Bert Hellinger fand heraus, dass sich Kinder aus Liebe zu ihren Eltern häufig selbst sabotieren. Ihre eigenen Wünsche und Bedürfnisse werden unterdrückt, um den Eltern zu gefallen. Da wünscht sich vielleicht der Sohn eine große Karriere, glaubt aber, dass er nicht erfolgreicher sein dürfe als der Vater. Hat er das unbewusst gestellte Maß überschritten, wird seine Karriere garantiert einknicken. Er ist der Meinung, er habe einfach nur Pech gehabt. In Wahrheit hat er es aber gerade so gewollt.

Weit verbreitet ist die unbewusste Überzeugung, dass wir kein Recht dazu haben, gleichzeitig beruflich und privat glücklich und erfolgreich zu sein. Folglich steuert unser Unterbewusstsein uns so, dass wir bei beruflichem Erfolg unsere Beziehung ruinieren und bei einer glücklichen Partnerschaft unbewusst für eine Schieflage im Beruf sorgen. Die Dinge passieren nicht, wie wir es wollen, sondern wie wir es glauben.

Aber wie können wir unsere unbewussten Vorstellungen und Wünsche entdecken? Ein erster Schritt wäre das Aufschreiben. Beim Aufschreiben werden wir uns über unsere Vorstellungen klarer. Es kristallisieren sich nicht nur die Wünsche besser heraus, sondern auch die uns beeinflussenden Negativprogramme. Zum Beispiel, wenn wir einen Wunsch sofort wieder verwerfen (»Du verdienst es nicht« oder »Das schaffst du nie«). Erst wenn wir uns richtig vorstellen können, wie unser Wunsch in Erfüllung gehen könnte, bringen wir Bewusstsein und Unterbewusstsein miteinander in Gleichklang. Und dann hat die Erfüllung des Wunsches wirklich eine gute Chance, denn das Unterbewusstsein arbeitet jetzt – und das ist eine sehr starke Kraft.

Der Therapeut Niklaus Enkelmann rät dazu, die Dankbarkeit zu trainieren. Wer jeden Abend aufschreibt, wofür er heute dankbar sein kann, trainiert den Blick für die erfreulichen Dinge des Lebens. So sieht man, wie viele Wünsche tatsächlich in Erfüllung gegangen sind, und das macht fröhlich und glücklich.

4. Jeder bekommt, was ihm entspricht.

Wir sprechen von Glück, wenn uns unverhofft ein Gewinn in den Schoß fällt, und von Pech, wenn wir ohne erkennbaren Grund ständig ein Missgeschick nach dem anderen erleben. Doch unsere innere Einstellung trägt maßgeblich dazu bei, was mit uns passiert. Die Erfahrungen unseres Lebens sind Quellen zur Selbsterkenntnis und ermöglichen uns, Situationen zu verändern und glücklicher zu werden.

Ein arabisches Sprichwort sagt: »Niemand wird im Leben eine Erfahrung machen, die nicht für ihn bestimmt ist.« Buddha sagte einmal: »Jedes Ereignis erscheint in dem Augenblick, wenn du bereit dafür bist«. Und der Tiefenpsychologe C.G. Jung schrieb: »Was einem Menschen widerfährt und wann es ihm widerfährt, ist charakteristisch für ihn.«

Aber stimmt das wirklich? Können wir das glauben? Wir bekommen das, was wir verdienen und brauchen? Bei angenehmen Erlebnissen fällt es uns leicht zuzustimmen. Klar, wir haben schon so lange Lotto gespielt. Der Gewinn steht uns nun wirklich zu. Aber wie ist das mit Missgeschicken? Mit Krankheit, Diebstahl und Unfällen? Amerikanische Glücksforscher sind der Meinung, dass sich die Gefühle eines Menschen die entsprechenden Ereignisse »holen«, um ausgelebt und bestätigt zu werden. Ein schlechtes Gewissen – also Schuldgefühle – sorgen beispielsweise für eine Entlarvung. Wenn wir in uns hineinhorchen würden, könnten wir so manches vorher bemerken und in Ordnung bringen.

Tiefenpsychologische Studien haben gezeigt, dass sich in jedem äußeren Ereignis etwas zeigt, das gerade in uns selbst abläuft. Es besteht eine Verbindung zwischen der Art und Weise, wie wir zu uns selbst sind, und der, wie andere zu uns sind. Wenn wir daraus lernen wollen, dann sollten wir nicht nur die positiven Ereignisse vermerken, sondern auch die unangenehmen als eine Chance wahrnehmen, zu mehr Selbsterkenntnis zu kommen. In Wahrheit sind sie nämlich ein Geschenk, denn sie verhelfen uns – wenn wir sie annehmen – zu mehr Klarheit und zur Selbstentwicklung. Das funktioniert aber nur, wenn wir mit misslichem Ungeschick, unserem Schicksal, nicht hadern, sondern es annehmen. Diese Haltung allein führt zum Glück.

Dieses vierte Gesetz, wonach jeder bekommt, was ihm entspricht, ist auch auf Beziehungen übertragbar. Da wünscht sich eine Frau sehnlichst eine dauerhafte Beziehung, findet jedoch niemanden, der sich darauf einlassen will. Dabei ist sie doch eine angenehme Person mit vielen Vorzügen. Nach vielen Gesprächen stellt sich heraus, dass sie in Wirklichkeit Angst davor hat, sich auf eine feste Partnerschaft einzulassen, und sich, um sich zu schützen, immer Partner »wählt«, die auf keinen Fall infrage kommen. »Jedes Ereignis trifft simultan mit einem psychischen Zustand ein«, schrieb C. G. Jung. Diese »Synchronizität« bedeutet, dass hinter jedem Ereignis, jedem vermeintlichen Zufall sich der unbewusste Wunsch und die Bereitschaft verbergen, dieses Ereignis auch auf sich zu ziehen.

Um aus diesem Gesetz zu lernen, gilt es, diesen Zusammenhang zunächst einmal bei sich selbst zu akzeptieren, dann können wir diese Erkenntnis auch nutzen. Unangenehme Ereignisse entsprechen Unklarheiten und Widersprüchen in uns selbst. Sie wiederholen sich so lange, bis wir den Konflikt erkannt und gelöst haben. Oft, wenn wir uns sehr verweigern, geschieht das über eine Krankheit.

Einen Trost gibt es aber: Jedes noch so unangenehme Ereignis lässt sich für unsere Entwicklung nutzen. »Turn shit into fertilizer«, rät die amerikanische Therapeutin Virginia Satir. »Verwandle Mist in Dünger.«

5. Ändern kannst nur du dich selbst.

Kennen Sie das nicht auch? Wir schimpfen über den Chef, unsere Kollegen, einen bösartigen Nachbarn, rücksichtslose Autofahrer und vieles mehr. Wenn der oder die anders wäre – ja, dann wäre das Leben für uns angenehmer. Die Glücksforscher sehen das so: Aus unseren Urteilen über andere können wir lernen, wie wir selber sind, und uns ändern. Das Gute dabei: Damit nehmen wir Einfluss auf das Verhalten der anderen, und zwar positiven.

Wir meinen, wir wüssten ganz genau, was zu verändern sei, damit das Leben in der Welt glücklicher ist. Zum Beispiel die Leute in Irland. Die könnten doch endlich Frieden geben. Und die Industrie sollte auch nicht so viel Giftgase in die Luft abgeben. Die Bankangestellte unserer Hausbank vermiest einem gerade den Tag, so unfreundlich ist sie. Warum kann sie sich nicht zum Positiven verändern? Und mit Doris zusammen eingeladen zu werden ist ein Graus. Mit ihrem frechen Mundwerk lässt sie einfach keinen anderen zu Worte kommen und dann ist sie auch noch beleidigend.

Die Glücksforscher freuen sich über unsere Meckerei. Sie sind der Meinung, dass dies der Schlüssel zu Freiheit und Glück ist. »Wenn du eine bösartige Nachbarin hast, gehe in dich und prüfe weshalb.« Jesus sagte: »Wenn du einen Splitter im Auge deines Nächsten siehst, erkenne den Balken im eigenen Auge.«

»Nichts ändert sich, es sei denn, du änderst dich selbst«, fand auch Sokrates heraus.

Das klingt mühevoll, soll es aber angeblich gar nicht sein. Wir müssen »nur« eine neue Einstellung finden. Das geht am besten, wenn wir üben zu bemerken, wann wir negative Urteile über andere fällen. Das geht jederzeit und überall. Wenn Sie in der Warteschlange vor der Kasse plötzlich Aggressionen gegen die vor Ihnen stehende umständliche Frau hochschießen spüren, fragen Sie sich, was von dem Gefühl gegen die Frau selbst in Ihnen vorhanden ist. Kehren Sie Ihr Urteil einfach um. Trifft das, was ich von der Person halte, auch auf mich zu? Diese einfache Methode der Umkehrung bewirkt zunächst, dass der Stress, den die Situation erzeugt, sich auflöst. Der Ärger verwandelt sich in ein Werkzeug, das Ihnen auf dem Weg zur Erkenntnis und zum Glücklichsein helfen wird. Die Aufmerksamkeit wird wieder auf uns selbst gelenkt. Entdecken wir den Zug oder die Haltung der anderen Person, der uns so aufgeregt hat, auch an uns selbst, dann fällt es uns leicht zu vergeben. Wir vergeben uns selbst im anderen. Nur so ist ein Leben in Toleranz und Freiheit möglich. Stellen wir aber nur Schuldzuweisungen aus und verurteilen, so berauben wir uns selbst um die Möglichkeit zur Veränderung. Wir bleiben gefangen im Ärger über äußere Misslichkeiten. Wenn die anderen schuld sind, die Eltern, die Gesellschaft, der Chef, dann bedeutet das, dass wir uns nicht genug um uns selbst und unsere Entwicklung kümmern.

In unseren Gedanken beschäftigen wir uns sehr häufig mit den Angelegenheiten anderer. Zum Beispiel mit denen des Partners. Er könnte wirklich mal aufmerksamer sein. Und diese Haltung beim Essen! Kehren Sie Ihre Urteile um. Dann wird aus »Er versteht mich überhaupt nicht« »Ich verstehe mich überhaupt nicht« oder »Ich verstehe ihn überhaupt nicht«.

Die Umkehrung der Kritik an anderen ist der Schlüssel zur Selbstveränderung. Die Veränderung in uns geschieht ganz sacht und leise.

6. Alles ist eine Übung.

Es gibt Menschen, die sind der Meinung, dass sie glücklicher leben würden, wenn sie Problemen und Schwierigkeiten aus dem Wege gehen. Das ist aber ein Irrtum. Die alten Weisen und Philosophen sowie die modernen gegenwärtigen Forscher sind sich einig: Nur wer lernt, sich für Erfahrungen des Leids zu öffnen, der kann Leid überwinden.

»Es gibt im Leben keine schlechten Erfahrungen«, besagt ein indianisches Sprichwort. »Es gibt nur gute Erfahrungen und Lernerfahrungen.« Die Lernerfahrungen sind meist nicht ganz schmerzfrei und wir würden gerne auf sie verzichten. Wenn wir uns aber weigern, diese Lernerfahrungen anzunehmen, dann können wir auch nicht glücklich werden. Sokrates war der Meinung, dass alles Lernen im Leben nur ein Erinnern sei an etwas, das längst da sei und nur auf seine Entdeckung warte. Alles Lernen sei nur das Wegräumen von unnötigem Ballast, sodass das Wesentliche am Ende wie eine leuchtende, innere Stille übrig bleibe. Wir lernen so lange, bis wir begreifen, dass wir ganz allein der Ursprung für unseren inneren Frieden, für Liebe und Glück sind.

Amerikanische Glücksforscher haben Studien in Krankenhäusern durchgeführt und dabei festgestellt, dass es Menschen gibt, die trotz schlimmster Krankheiten und bitterster Prognosen vergnügt in ihrem Rollstuhl sitzen. Patienten mit schweren Krankheiten haben mit ihrer glücklichen Ausstrahlung ganze Stationen mit ihrer positiven Energie versorgt. Es gibt nachweislich eine Freude, ein Gefühl des Glücks, das völlig unabhängig von den äußeren Bedingungen ist. Aber wie kommen wir an die Quelle zu diesem Gefühl? Jedenfalls nicht durch einen Hauptgewinn im Lotto. Die britische Warwick University führte eine Studie unter Lottogewinnern durch. Die meisten Glückspilze wurden, nach nur kurzer Euphorie, depressiv. Die Zahl der Depressiven überstieg deutlich den Durchschnitt der Bevölkerung. Reichtum bedeutet ja nicht, dass wir automatisch Lernprozesse durchlaufen. Wir leben dann genauso nach unseren alten Mustern wie vorher, nur in einer luxuriöseren Umgebung. Die Erfüllung materieller Wünsche verschafft uns weder inneren Frieden noch tiefes Glücksgefühl. Glück hat nichts mit Komfort, Reichtum, Alter, Geschlecht oder Herkunft zu tun. Es ist auch nicht abhängig von Intelligenz, Bildung oder körperlichen Voraussetzungen. Ja, es müssen nicht einmal große Ereignisse in unserem Leben passieren.

Glück ist die Erfahrung, dass wir selbst die Quelle der Freude sind. Momente der Nähe oder des Vertrauens mit einem geliebten Menschen oder Haustier, eine zärtliche Berührung. Wer diese Momente auszukosten versteht, der hat den Schlüssel zum Glück gefunden. Als kleines Kind besitzt der Mensch noch den Zugang zu diesem Schlüssel, nur ist es ihm nicht bewusst. Im Laufe seiner Entwicklung vergisst er diese Glückserfahrung und er entwickelt feste Vorstellungen von einem äußeren Glück. Das sind meist Ziele wie ein Eigenheim, eine Familie mit zwei Kindern, ein schönes Auto und genug Geld, um bequem und sicher zu leben. Der Mensch beginnt, die äußeren Bedingungen so zu manipulieren, dass sie seinen Vorstellungen entsprechen. Das klappt meistens nicht ganz genau und wird so zur neuen Quelle unseres Unglücklichseins. Je fester die Vorstellungen vom Glück sind, desto unzufriedener werden wir, wenn es nicht so eintrifft, wie wir es uns vorstellten. Je offener und flexibler wir dagegen sind und annehmen, was uns entgegengebracht wird, desto glücklicher werden wir. Die glücklichsten Menschen sind diejenigen, die alles annehmen können, so wie es eben kommt. Ganz sicher war das auch die Aussage in Jesus' Worten: »Werdet wie die Kinder, damit ihr das Himmelreich findet.« So aufnahmebereit, weitherzig, ohne Vorurteile und im Einklang mit dem Geschehen. Alles ist eine Übung, diesen Einklang wiederzuentdecken und wiederherzustellen. Jede leidvolle Erfahrung ist eine Aufforderung, diese Glücksquelle wieder zum Sprudeln zu bringen. Glückskinder haben gelernt, dass es nichts bringt, Leid zu vermeiden. Sie haben gemerkt, dass der Weg zum Glück nicht um das Leid herum, sondern durch es hindurch führt. Unzufriedenheit, Empfindlichkeit und Abhängigkeit von äußeren Bedingungen entstehen durch unsere Weigerung, den eigenen Schmerz wahrzunehmen und zu durchleben. Sicher, wir spüren den Schmerz auf eine diffuse Art und Weise, aber wir wehren ihn sofort wieder ab, ohne ihn genau anzuschauen. Durch die Weigerung verlängert sich der Schmerz und schafft ein Klima von Sorge und Furcht. So paradox es klingt: Wenn wir bereit sind, unseren Schmerz vollkommen zu fühlen und ihn annehmen, verschwindet er viel schneller, als wenn wir uns mit Händen und Füßen dagegen wehren.

Wir können das selbst bei jedem uns unwillkommenen Gefühl erfahren. Der unbewusste Mensch flieht vor seinem Schmerz, der bewusste nimmt auch das unangenehme Gefühl an und verwandelt es. Manche Menschen beharren auf ihrem schweren Leid und benutzen es, um sich daraus eine Identität zu bauen. In diesem Falle können und wollen sie sich gar nicht von ihrem Leid befreien. Sie analysieren es, drehen und wenden es und denken ständig darüber nach. Glück dagegen liegt jenseits des Verstandes. Wer in jeder Situation wieder offen sein kann wie ein Kind, der wird sich selbst als Quelle des Glücks erfahren können.

7. Das Glück ist jetzt.

Wer ständig nur vom Glück träumt, wird ihm wohl erfolglos ein Leben lang hinterherlaufen. Wirkliches Glück kann ich nur empfinden, wenn ich wie ein Kind im Hier und Jetzt lebe, wenn ich im Augenblick aufgehe, in dem, was ich gerade tue, ohne Gedanken an gestern und ohne Sorgen für morgen.

In einer groß angelegten Umfrage wurden zehntausend Amerikaner gefragt: »Wann, glauben Sie, werden Sie glücklich sein?« Die Antworten lauteten: »Wenn ich geheiratet habe« oder »Wenn ich in Urlaub fahren kann«, »Wenn ich einen neuen Job habe und richtig viel Geld verdiene«. Ältere Menschen antworteten: »Früher war ich glücklich, aber jetzt geht es mir nicht so gut.«

Die Antworten machten deutlich, dass das Glück entweder in der Vergangenheit oder in der Zukunft liegt. Das Glück ist aber keine Haltestation, bei der wir irgendwann einmal ankommen. Es abhängig zu machen von Ereignissen, die irgendwann einmal eintreffen, verjagt es ebenfalls. Beliebt ist auch die Einstellung: Wenn mich dieses oder jenes nicht hindern würde, dann wäre ich glücklich. Auf diese Weise verstreicht unser Leben und wir werden unser Glück nicht finden.

Das Glück gibt es nur in der Gegenwart, in dem Moment, in dem wir die Vögel singen hören oder nach einer Wanderung plötzlich vor einer atemberaubenden Aussicht stehen. Glück empfinden wir in Momenten, in denen wir uns nicht mit Sorgen quälen, in Augenblicken ohne Druck, in jenen selbstvergessenen Momenten, in denen wir voller Konzentration und Hingabe etwas erleben oder tun. In diesen Momenten schweigen unser Verstand und unsere Gedanken. Wir erleben zeitlose Fülle und Stille. Mit unserem Bewusstsein befinden wir uns für gewöhnlich in der Vergangenheit oder in der Zukunft. Wir denken an unseren letzten Urlaub oder stellen uns vor, wie die Begegnung mit dem neuen Freund am Wochenende wird. Kleine Kinder überlagern ihre Erfahrungen nicht mit hoffenden und sorgenden Gedanken, deshalb sind ihre Erfahrungen auch viel intensiver. Wir können diese Intensität aber wiederherstellen, wenn wir unseren Handlungen wieder mehr Aufmerksamkeit schenken. Das Tun ist wichtig, darauf sollten wir uns konzentrieren und nicht gebannt auf das Ergebnis starren. Auf diese Weise kommen wir in die Gegenwart zurück. Das gilt für alle Handlungen, auch für das Geschirrspülen. Gerade bei den einfachsten Tätigkeiten des Alltags können wir üben, völlig gegenwärtig zu sein, uns darauf zu konzentrieren, was wir gerade tun, ohne mit den Gedanken woanders zu sein. Wer so den Augenblick annehmen kann, der empfindet Freude und Leichtigkeit. Und zwar unabhängig davon, was er tut oder wo er ist. Menschen, die einmal in einer Situation waren, in der es um Leben und Tod ging, wissen das. In solchen Momenten halten die Gedanken an. Der Mensch ist vollkommen gegenwärtig im Jetzt und eine viel größere Kraft als der Verstand übernimmt die Führung für seine Handlung.

Aber wir brauchen nicht auf Notsituationen zu warten. Diese Haltung lässt sich in jeder Situation wieder erlernen. Üben Sie, im Augenblick zu leben, und Sie werden erleben, dass Sie sich auf diese größere Kraft verlassen können. »Lichtblicke« und innerer Frieden werden wieder intensiver erfahrbar.

Auch wenn die Begabungen unterschiedlich verteilt sein mögen, muss niemand, ob Groß oder Klein, ein Pechvogel bleiben. Jeder hat den Schlüssel zum Glücklichsein selbst in der Hand – mehr brauchen wir unseren Kindern nicht zu sagen und müssen ihnen nur Mut machen und sie dabei unterstützen, das auch in ihnen verborgene Glück zu finden – jederzeit und am besten jetzt gleich.

Alle Sinne entwickeln

Lorelies Singerhoff
Kinder brauchen Sinnlichkeit
Die Bedeutung und Förderung
kindlicher Sinneswahrnehmung

»Sinnliches Lernen« ist von entscheidender Bedeutung für die psychische Gesundheit und besonders auch für die geistige Entwicklung des Kindes.
Das Buch stellt verständlich und amüsant geschrieben die einzelnen Sinne vor und ihren Einfluss auf die Entwicklung des Gehirns: Gleichgewichtssinn, Tastsinn, Sehsinn, Geschmachssinn, Hörsinn und Geruchssinn. Und natürlich befasst sich die Autorin auch mit der erwachenden Sexualität des Kleinkindes und wie man am besten mit ihr umgeht.

Im praktischen Teil des Buches wird ausführlich auf Störungen im Bereich einzelner Sinnesorgane eingegangen und es werden einfache Tests vorgestellt, mit denen Eltern oder Erzieherinnen sie erkennen können. Um solchen Störungen vorzubeugen und zur Förderung aller Sinne folgen vielfältige Aktivitäten und originelle Spiele, die für Kleinkinder ebenso geeignet sind wie für Schulkinder.

Lorelies Singerhoff
Kinder brauchen Sinnlichkeit
Die Bedeutung und Förderung kindlicher
Sinneswahrnehmung
Beltz Taschenbuch 808
120 Seiten
ISBN 3 407 22808 2
Originalausgabe

BELTZ
Taschenbuch

Heidi Maier-Hauser
Lieben - ermutigen - loslassen
Erziehen nach
Montessori

»Hilf mir, es allein zu schaffen!«

Einem Kind alle Steine aus dem Weg zu räumen, nimmt ihm das eigene Lernen aus der Hand. Also muss das Kind einen Raum für Selbstlernen, für das Gefühl des Könnens haben. Liebevoll fördern, falls erforderlich eingreifen, nicht allen Wünschen nachgeben, gesunde Grenzen setzen, dies alles fördert die Verantwortung des Kindes, sich selbst und seiner Umwelt gegenüber.

Das Buch richtet sich an alle Eltern, die innehalten und prüfen möchten, ob sie in ihrer Aufgabe, ihre Kinder zu begleiten, auf dem richtigen Weg sind. Anhand von zahlreichen Beispielen und Dialogen zwischen Erwachsenen und Kindern aus dem »Montessori-Alltag« wird gezeigt, wie man auf unnötiges Eingreifen verzichtet und dennoch Grenzen setzt, die die Autonomie und Eigenverantwortung von Kindern stärken.

Heidi Maier-Hauser
Lieben – ermutigen – loslassen
Erziehen nach Montessori
Beltz Taschenbuch 816
196 Seiten
ISBN 3 407 22816 3

BELTZ Taschenbuch